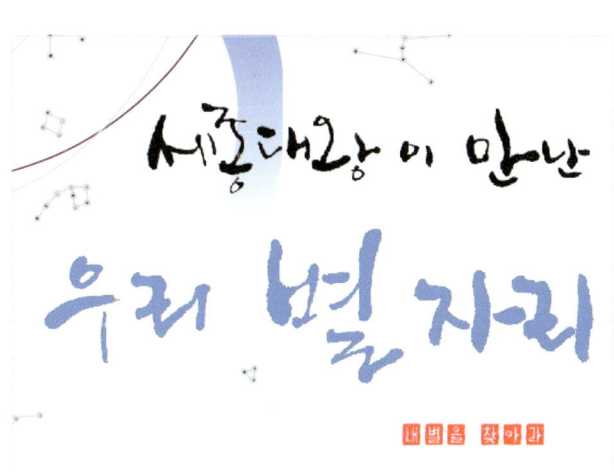

대유천문시리즈 【4】

세종대왕이 만난 우리별자리

❷권 북방현무칠수와 서방백호칠수

초판인쇄 2011년 9월 18일
초판2쇄발행 2013년 6월 3일

글쓴이 윤상철
그린이 박순철
기획·편집 이연실 송은정
교정 임선미
기획 손형우
출판자문위원장 신명균
출판자문위원 김경수 이경우 손만진 장선아 김주완

발행처 대유학당
출판등록 2002년 4월 17일 제305-2002-28호
주소 서울 동대문구 휘경동 258 서신빌딩 402호
전화 (02)2249-5630~1
홈페이지 http//www.daeyou.net 대유학당

❷권 ISBN 978-89-6369-031-5
셋트 ISBN 978-89-6369-029-2
(전 3권) 각권 정가 12,000원

여러분이 지불하신 책값은 좋은 책을 만드는 데 쓰입니다.
무단전제와 복사를 금합니다.
문의사항(오탈자 포함)은 대유학당의 홈페이지에 남겨 주세요.

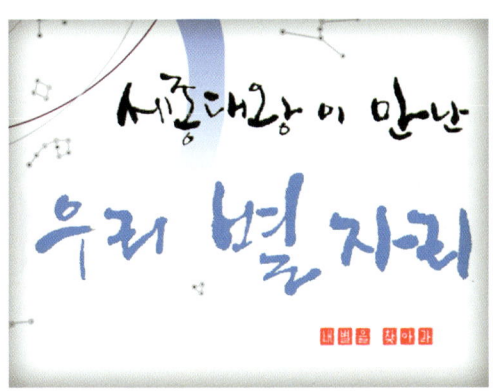

2권에 들어가며

2권에는 북방현무칠수와 서방백호칠수를 설명할 거야.

현무가 주관하는 북방칠수는 '두, 우, 여, 허, 위, 실, 벽'의 일곱 별자리이고, 백호가 주관하는 서방칠수는 '규, 루, 위, 묘, 필, 자, 삼'의 일곱 별자리야. 함께 가 볼까?

2 권의 목차

2권에 들어가며 ▪ 5   이렇게 보세요 ▪ 10

셋째 마당 ▎ 북방현무칠수

축방의 두 동물 ▪ 18
  ❶ 두목해斗木獬 ▪ 20
  ❷ 우금우牛金牛 ▪ 36
자방의 세 동물 ▪ 54
  ❸ 여토복女土蝠 ▪ 58
  ❹ 허일서虛日鼠 ▪ 70
  ❺ 위월연危月燕 ▪ 84
해방의 두 동물 ▪ 98
  ❻ 실화저室火猪 ▪ 100
  ❼ 벽수유壁水貐 ▪ 118

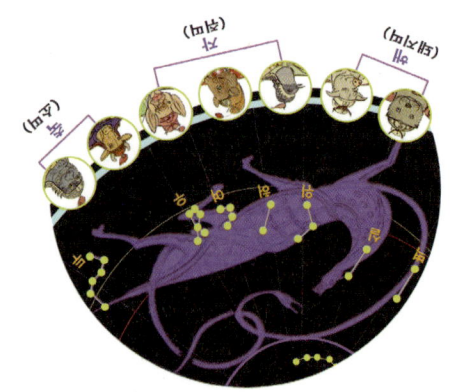

넷째 마당 ▎ 서방백호칠수

술방의 두 동물 ▪ 138
  ❶ 규목랑奎木狼 ▪ 140
  ❷ 루금구婁金狗 ▪ 154
유방의 세 동물 ▪ 166
  ❸ 위토치胃土雉 ▪ 170
  ❹ 묘일계昴日雞 ▪ 186
  ❺ 필월오畢月烏 ▪ 204
신방의 두 동물 ▪ 224
  ❻ 자화후觜火猴 ▪ 226
  ❼ 삼수원參水猿 ▪ 240
나의 별자리 찾기 응용 ▪ 254

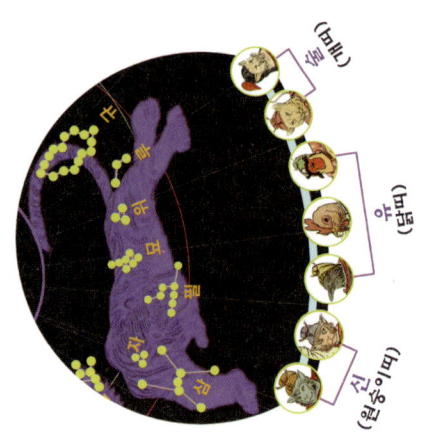

3 권의 목차

다섯째 마당 ▎**남방주작칠수**

미방의 두 동물
- ❶ 정목안井木犴
- ❷ 귀금양鬼金羊

오방의 세 동물
- ❸ 류토장柳土獐
- ❹ 성일마星日馬
- ❺ 장월록張月鹿

사방의 두 동물
- ❻ 익화사翼火蛇
- ❼ 진수인軫水蚓

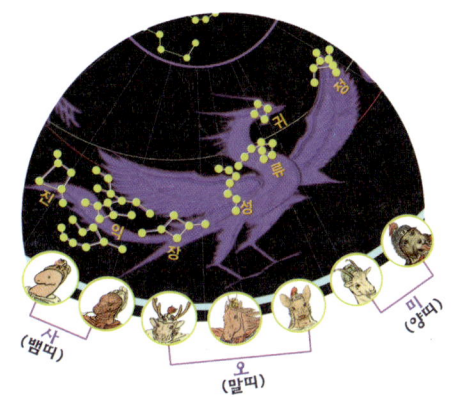

여섯째 마당 ▎**남은 이야기**

- ❶ 12동물의 발가락수
- ❷ 12동물의 흔결
- ❸ 28수의 관측날짜
- ❹ 전국 방방곳곳 별 헤는 밤
- ❺ 어느 별과 친할까?
- ❻ 나의 별자리 찾기 응용
- ❼ 28수의 후보동물
- ❽ 하늘의 삼원
- ❾ 28수와 부하별자리
- ❿ 글을 마치며

부록 ▎**그림모음**

28수와 삼원   28수와 사영신
28수 신장과 수호부   28수 카드

목차 7

1 권의 목차

글쓴이의 말
나의 별자리 찾기

목차
이렇게 보세요

첫째 마당 ▎**사영신과 12지 28수**

청룡 현무 백호 주작의 사영신
  ❶ 동방의 신 청룡
  ❷ 북방의 신 현무
  ❸ 서방의 신 백호
  ❹ 남방의 신 주작

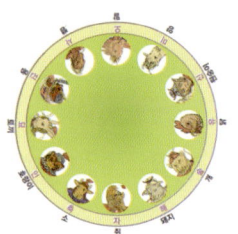

땅을 대표하는 12동물
  ❶ 시간과 방위에 모두 적용하라
  ❷ 왜 12신장의 얼굴은 동물이고 몸은 사람일까?

하늘을 대표하는 28동물
  ❶ 28동물과 12동물
  ❷ 수일까 숙일까?
  ❸ 28수의 영역과 대장 별자리
  ❹ 사영신에 28수를 나눠주다
  ❺ 나경으로 28수 찾기

둘째 마당 ▎ 동방청룡칠수

진방의 두 동물
    ❶ 각목교角木蛟
    ❷ 항금룡亢金龍

묘방의 세 동물
    ❸ 저토학氐土貉
    ❹ 방일토房日兎
    ❺ 심월호心月狐

인방의 두 동물
    ❻ 미화호尾火虎
    ❼ 기수표箕水豹

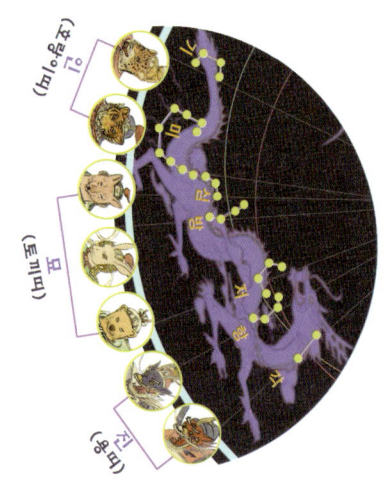

부록 ▎ 내 별을 찾아라

천문에서 보는 방위와 오행
내 별자리를 언제 볼 수 있을까?
나경으로 28수 찾기
세종대왕과 천문
28수와 우리나라
동서양 비교천문도
28수 나경 만들기

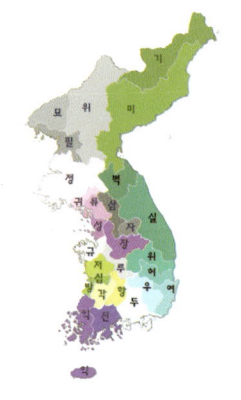

이렇게 보세요

축방의 두 동물을 설명한 글이야. 왼쪽 위의 둥근 원은 하늘에 위치한 방위를 말해. 축방은 서북북에 해당하지.

오른쪽 아래 그림은 북방현무칠수 전체 그림이야. 두목해와 우금우는 현무의 꼬리 부분에 해당하지.

두목해를 설명한 본문이야. 부하별자리와 다스리는 영토를 다루면서 한자로만 되어 있던 별자리 이름을 한글로 만들었어. 이제 한자를 몰라도 우리 이름으로 된 별자리를 부를 수 있는 거지. 주황색으로 선이 그어져 있는 별들이 부하별자리들이야.

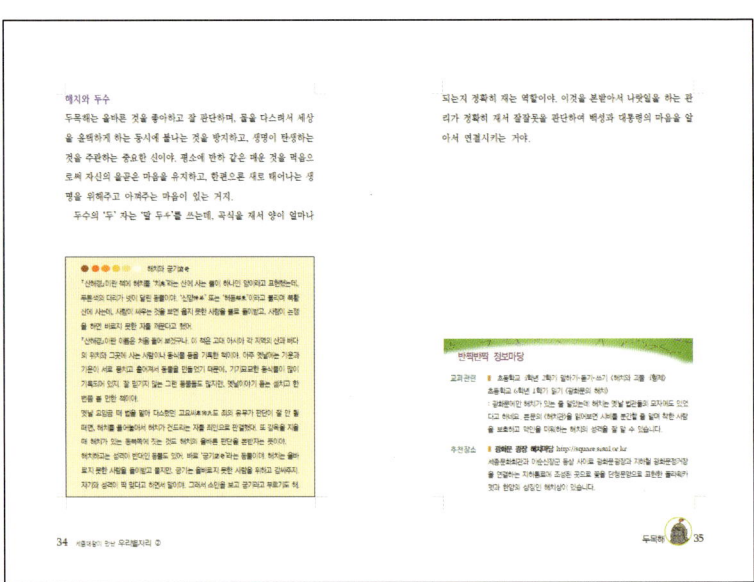

28수의 별자리마다 맨 마지막 페이지에 동물과 별자리가 왜 연관되었는지 보여주는 글이야. 오른쪽 하단에는 반짝반짝 정보마당을 두어 속담과 사자성어, 교과관련, 추천장소와 참고도서를 넣었어. 더 알고 싶다면 여기를 읽어봐. 더 풍부한 내용을 얻게 될 거야.

일곱 별자리에 대한 설명이 끝나고 나서 정리하는 장을 두었어. 일곱 별자리와 사영신은 유기적으로 연결되어 있어. 일곱이면서 동시에 하나인 거지. 동양의 생각이 그래. 모든 것이 따로따로 있는 것이 아니라, 함께 공존하고, 함께 변화시키는 거지. 처음 듣는 이름이라 낯설더라도 28수의 이름은 외워주면 좋겠어.

이렇게 보세요 13

셋째 마당

북방현무칠수

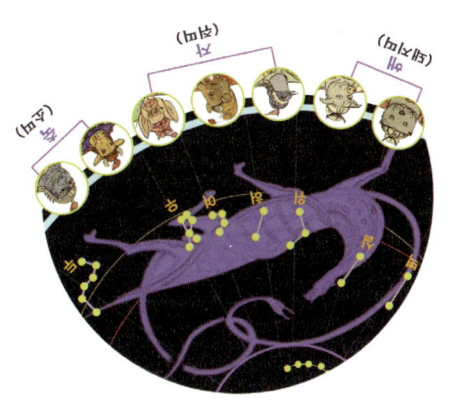

셋째 마당 ▮ 북방현무칠수

축방의 두 동물 • 18
- ❶ 두목해斗木獬 • 20
- ❷ 우금우牛金牛 • 36

자방의 세 동물 • 54
- ❸ 여토복女土蝠 • 58
- ❹ 허일서虛日鼠 • 70
- ❺ 위월연危月燕 • 83

해방의 두 동물 • 98
- ❻ 실화저室火猪 • 100
- ❼ 벽수유壁水貐 • 118

축방의 두 동물
두목해 우금우

동방	진	각 항
	묘	저 방 심
	인	미 기
북방	**축**	**두 우**
	자	여 허 위
	해	실 벽
서방	술	규 루
	유	위 묘 필
	신	자 삼
남방	미	정 귀
	오	류 성 장
	사	익 진

축방에는 두수(남두육성)와 우수가 있는데, 두수에는 해치를 배당하고 우수에는 소를 배당했지. 어떤 사람은 해치가 아니라 게(蟹)라고도 하는데, 둘 다 빨리 걷지 못한다는 점에서 그럴듯한 말이긴 해.

무슨 말이냐고? 예로부터 "하늘은 자시에 열리고, 땅은 축시에 열리며, 사람은 인시에 열린다"는 말이 있어. 이 말은 자시에 양기운이 움직이기 시작해서 세상을 따뜻하게 하지만, 사람은 인시나 되어야 양기운을 느껴서 움직일 수 있다는 말이지. 그러니까 자시나 축시는 사람이 움직일 만큼 따뜻하고 밝지 못하다는 뜻이야. 물론 여기서 '사람'이라고 하면 하늘과 땅을 제외한 모든 동식물을 포함하는 말이야. 그러니 축시에는 동물들이 활발하게 움직일 수 없는 것이지. 아직 정신을 못 차리는 거야.

해치와 소는 다 한 덩치씩 하고, 진실되고 거짓을 싫어하며 순박하게 산다는 특징이 있어. 아까도 말했지만, 하루 중 축시(오전 1시~3시)는 따뜻하기는커녕 해가 진 지 오래되어서 제일 추울 때야. 또 1년 중 축월(양력 1월)은 얼음이 꽁꽁 어는 때야. 이때는 그냥 아궁이에 불을 잔뜩 때고 아랫목에 앉아서 고구마나 구워 먹으며 노는 게 상책이지.

해치는 불을 끄는 수신水神이기도 하고, 남두육성의 수호신장으로 생명을 전달해 태어나게도 하지. 모든 생명체는 물을 필요로 하기 때문에 물을 생명의 고향으로 삼는 거야. 사람들이 추위를 이겨 내느라고 불을 많이 때니 불날 확률도 높아지고, 또 힘든 일을 안 하고 끼리끼리 모여서 노니 새로운 생명이 태어나기도 쉽지.

소도 모처럼 만에 푹 쉬는 마음으로 눈을 껌뻑이면서 여물만 먹으면 돼. 그러니까 이때가 상팔자야. 해치는 남모르게 은밀히 움직이는 것을 역할로 하고, 소는 푹 쉬는 상팔자로 그 역할을 맡은 셈이지. 특히 1~6월 사이에 난 사람은 해치의 성격이, 7~12월에 난 사람은 소의 성격이 많아.

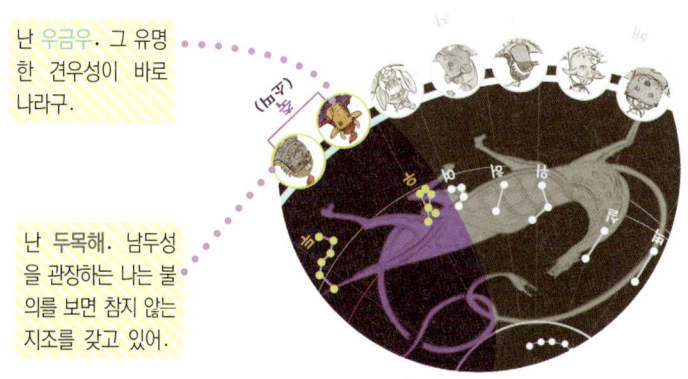

난 우금우. 그 유명한 견우성이 바로 나라구.

난 두목해. 남두성을 관장하는 나는 불의를 보면 참지 않는 지조를 갖고 있어.

① 斗 木 獬
말 두
나무 목
해치 해

상징	거북꼬리
크기	2m 50cm
운행 방위	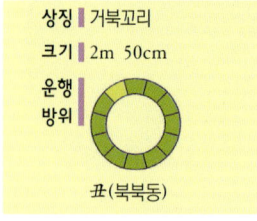 표(북북동)
영토	26.25°
보이는 때	6/29~7/30
해당지역	경상남도 서남부
부하별수	9(56)
힘의세기	★★★★

의미 하늘의 사당, 국무총리, 군대에 관한 일, 생명의 탄생.
밝으면 온 가족이 한마음이 되어 화평해지고, 어둡거나 흔들리면 이간질과 분란이 생긴다.

두목해

두목해는 28수 중에 북방현무칠수의 첫째 별인 두수를 수호하는 신장이야. 두수는 북방현무 중에 거북의 꼬리에 해당해.

거북의 꼬리에 해당하는 두목해

'목'은 칠정 중에 목성의 정기를 받았다는 뜻이고, '해'는 해치라는 동물로 상징된다는 뜻이지. 옷 때문에 보이진 않지만, 본래 해치는 꼬리에 긴 털이 무성하게 있는 동물이야. 키가 2m 50cm나 돼. 무지하게 크지? 얼굴은 청색으로 두 눈은 황금색으로 빛나서 좀 무섭기도 하고, 한편으로는 얼굴을 감싸는 갈기 같기도 하고 사슴뿔 같기도 한 안개가 있어서 신비롭기도 해. 그리고 보다시피 큰 눈과 큰 입, 큰 송곳니가 아주 인상적이야.

두목해는 평소에는 붉은 전투복을 입고 검고 윤기 있는 신을 신었으며, 손에는 삼첨도를 무기로 잡고 있어. 삼첨도는 끝이 세 갈래로 뾰족하게 난 언월도를 말해. 언월도는 달이 비스듬하게 누운 것처럼 칼날이 둥그스름한 칼이야. 칼날이 둥그스름하면 일직선인 칼보다 더 잘 벨 수 있지.

두수

두수를 남두수라고 불러. 왜 '남'이라고 붙였냐고? 남두부터 남쪽(아래쪽)으로는 태양이 높이 떠서 따뜻한 기운이 많다는 뜻이야. 또

두목해

북두칠성(북두)과 구별하느라고 남두육성이라고 부르기도 해. 북두는 죽음을 관장하고, 남두는 탄생을 맡아.

두수의 '두斗'는 곡식을 재는 도구를 말해. 두수의 모양이 됫박에 손잡이를 단 국자처럼 생겼지.

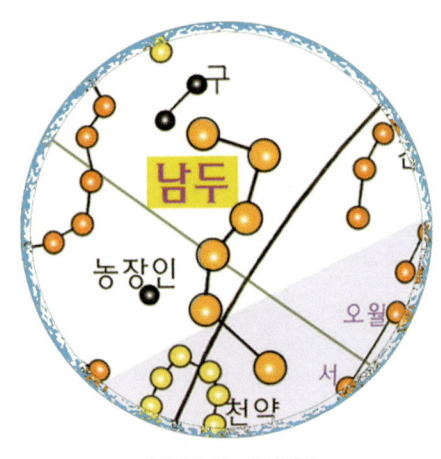

▪ 남두수와 주변별들

뭐라고? 북두칠성이 국자를 가지고 죽은 사람의 영혼을 떠내면, 남두육성이 자기의 국자로 새로운 생명을 떠담아 채운다구? 그럴 수도 있겠네. 남두는 하늘의 사당인데, 죽은 사람들을 모셨다가 다시 지구로 보내는 정류장일

수도 있지. 그래서 남두가 새로운 생명의 탄생을 주관한다고 한 것이고. 너희들도 남두의 도움을 받아 태어났을 거야.

두수의 부하별자리와 다스리는 영토

두수는 하늘나라에서 26과 1/4°나 되는 넓은 영역을 맡아 다스리는 별자리야. 28수의 평균영역인 13°보다 두 배가 조금 넘는 아주 넓은 영역이지. 두수가 다스리는 영역이 넓기 때문에 부하별자리도 아홉이나 돼. 북방은 어둡고 조용한 곳이므로, 대개 죽음, 하천이나 저수지, 창고와 관련이 있어. 아래 천문도를 보면서 살펴보렴.

시장에서 사고파는 물건의 품목을 정하고 값을 관리하는 **시장 책임자**(**천변**天弁), 도성을 출입하는 관문인 **솟을대문**(**건성**建星)과 **자물쇠와 열쇠**(**천약**天籥), 물을 관리해서 홍수를 예방하는 **자라**(**별**鱉)와

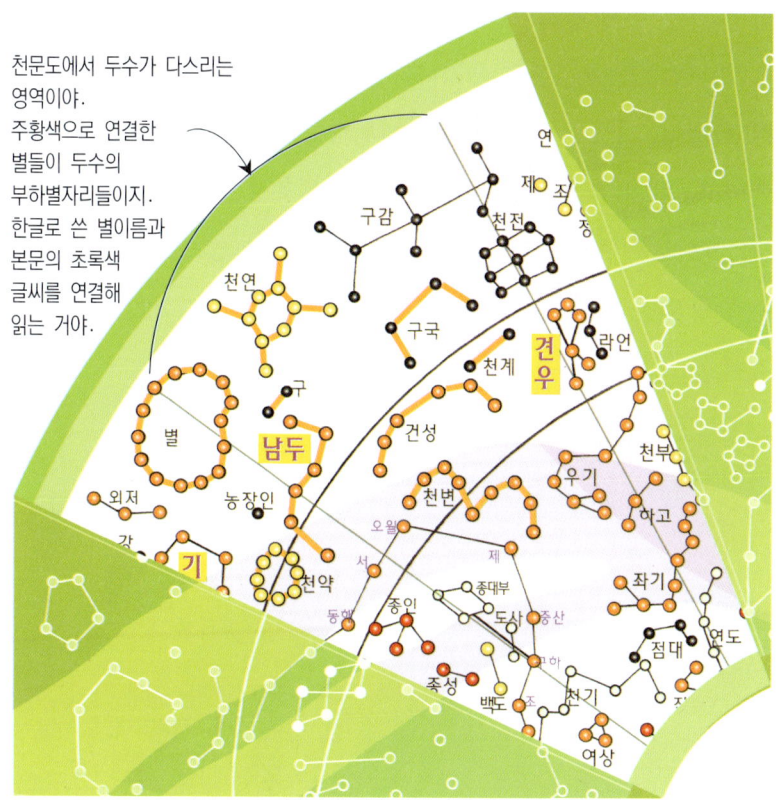

천문도에서 두수가 다스리는 영역이야.
주황색으로 연결한 별들이 두수의 부하별자리들이지. 한글로 쓴 별이름과 본문의 초록색 글씨를 연결해 읽는 거야.

저수지(**천연**天淵), 적국의 동태를 살피고 지키는 **닭**(**천계**天鷄)과 **군견**(**구국**狗國), 도적을 방비하는 **경찰견**(**구**狗), 농사 경험이 많아서 농사짓는 일을 가르치고 선도하는 **으뜸농부**(**농장인**農丈人) 등이 두수를 돕는 부하별자리야. 이들이 하는 일은 봄을 맞이하기 전에 이것저것 점검하는 일이기 때문에 조용하고도 조심스럽게 일을 처리하지.

미수와 기수가 맡은 영역은 우리나라에 해당해. 이 두 별자리와 남방의 첫 번째 별자리인 두수가 서로 가까워지면 별의 힘이 더욱 세지는데, 그 세진 힘이 우리나라를 크게 부흥시키는 원동력이 된다고 했어. 지금 두수와 아주 가까워졌고, 그래서인지 88올림픽도 열렸고, 우리나라 사람이 국제연합 사무총장으로 선출되기도 하고, 앞으로는 동계올림픽도 열린다잖아! 아마 앞으로도 우리나라 국력이 엄청 세질 거야. 미수, 기수와 두수가 더 가까워졌으면 좋겠어.

황도궁 중에는 마갈궁에 속하고, 경상남도의 왼편에 해당해. 그러니까 남두육성이 또렷하거나 빛이 잘 나면 해당하는 곳이 그만큼 잘살게 된다고 하지.

▎두수에 해당하는 지역 : 산청, 거창, 진주, 하동, 의령, 함안, 사천, 남해, 삼천포, 통영, 거제.

■ 해치를 타고 가는 신선. "내 마음에만 들어봐, 이렇게 잘 태워주지."

해치는 생명을 낳게 한다

해치의 가장 큰 일은 새로운 생명을 낳게 하는 일이야. 해치가 만물을 태어나게 하는 남두육성의 수호신이기 때문이지. 또 만물은 물에서 태어나는데, 해치는 물기운이 강해. 이 물기운으로 불을 끄는 거지.

해치는 올바름의 상징

옛날 황제씨가 세상을 다스릴 때, 어떤 신선이 해치를 선물했대. 희한하게 생긴 해치를 보고 황제씨가 "무엇을 먹고 어디에서 사는 동물인가?" 하니까, 신선이 "반하를 먹고 물가나 호수에 살며, 겨울에는 소나무와 잣나무 숲에서 그 열매를 먹으며 삽니다."고 했대.

반하는 맛이 맵고 독성이 있어서 가래가 끼거나, 기침, 구토 따위를 치료하는 식물이고, 소나무나 잣나무는 모두 겨울에도 푸르름을 잃지 않는 지조 있

■ 열매가 맺혀 있는 반하

는 나무로 알려져 있지. 그러니까 해치는 맵고 독하고 지조 있는 것을 먹으면서 자신의 성격도 맵고 독하게 만들어 올바름을 실천하는 동물이 된 거야.

당나라 현종임금 때(서기 732년) 뿔이 하나 달리고 몸이 갑옷처럼 딱딱하며 정수리에 흰 털이 난 짐승이 발견되었는데, 이 짐승이 바로 해치라고 한 기록도 있지. 아마 임금이 정치를 잘하면 가끔 나타나서 정치를 잘한다고 칭찬도 하는가봐.

▪ 서울의 상징동물이 된 해치. 해치는 궁궐은 물론 서울 곳곳에 분포돼 수호자로서의 역할을 하고 있어.

경복궁을 증축할 때 도와주다

조선시대 대원군이 나라의 위엄을 세우려고 경복궁을 중축하는데 자꾸 불이 났어. 각 지방에서 커다란 목재를 힘들게 실어 와서 기껏 지어놓으면 불이 나고, 또 지어놓으면 불이 나고 했던 거야. 그렇지 않아도 나라의 재산을 자꾸 축내면서 그런 큰일을 한다고 백

▎경복궁 앞문 양 옆에 세운 해치. "어때! 무섭지. 불? 이젠 끝이야!"

성들의 불만이 많았는데, 자꾸 불이 나니 대원군의 고민이 이만저만이 아니었어. 걱정이 많아서 잠도 못 잤지.

그러다가 하루는 너무 피곤해서 깜빡 잠이 들었는데, 꿈속에서 기껏 힘들게 새로 지어놓은 경복궁 건물에 또 불이 난 거야. 사람들이 우왕좌왕하며 부산하게 움직이기만 하고 불길을 잡지 못했는데, 이상하게 생긴 동물이 하늘에서 날아와서는 입으로 물을 뿜어내며 불을 끄는 거야. 순식간에 불을 끈 동물은 다시 하늘로 날아올라가 멀리 남두육성으로 돌아갔지. 놀라서 잠이 깬 대원군이 수소문해보니, 그 동물의 이름은 해치이고 남두육성에 산다는 거야. 그래서 경복궁 앞문 양옆에 돌로 해치의 모양을 깎아서 세워놓고 경복궁을 다시 짓기 시작했지. 그랬더니 불도 나지 않고 경복궁 짓는 일도 아주 순조롭게 완성을 보게 되었어.

해치석상

해치는 매우 위엄 있게 생겼어. 또 곧고도 매운 성질이 있고 용맹하기도 하지. 해치는 여러 곳에 석상을 만들어 놓았어. 왜 광화문 앞 양옆에 돌로 된 짐승이 버티고 있잖아. 통통하게 살이 쪘지만 큰 눈과 큰 코 그리고 큰 입 때문에 좀 무섭게 생긴 동물이지. 그게 바로 해치야.

경복궁 근정전의 처마마루에도 있는데, 광화문에 있는 것은 멀리 관악산을 바라보면서 관악산의 화기를 누르는 수신으로서의 해치이고, 근정전에 있는 것은 정사를 돌보는 임금의 공평무사를 비는 뜻의 공평한 군자로서의 해치야. 그러니까 해치가 불을 끄는 수신의 역할도 하고, 또 공평무사한 군자의 역할도 하는 거지.

■ 광화문의 해치석상.
"관악산! 너 불기운을 보내서 불을 내기만 해봐!"

요즘에는 국회의 정문에 해치상을 세워놓고 국회의원이 드나들 때마다 공평무사한 의회활동을 기원한다고 해. 얼마 전에는 대부분의 국회의원들이 뒷문으로 드나들어서 잘 못 보니, 뒷문에도 해치상을 세워달라고 하는 의원도 있었어.

아까도 말했지만 대원군이 광화문 앞에 해치상을 두 마리나 세워서 관악산을 바라보게 한 것도, 화산火山으로 알려진 관악산의 불기운을 감시함으로써 서울의 화재를 막자는 뜻이 담겨있는 거야.

해치관

법관이 쓰는 모자를 해치관이라고도 하는데, 해치는 선악을 잘 구별하는 신령스러움이 있다고 해. 그래서 자신의 죄를 인정하지 않는 사람이 있을 경우, 해치보고 판단하라고 하면 해치가 다 가서서 죄 있는 사람을 머리로 들이받아서 판별했다고 하지.

■ 해치관. "이렇게 귀한 것을…. 임금님 철저하게 법을 지키겠습니다."

그런 해치를 초楚나라 문왕이 잡아서 그 껍질로 자신의 관을 만들어 썼는데, 진시황제가 초나라를 멸망시킨 뒤에 초나라 임금의 의관을 곁에 있는 법관에게 주었대. 그 뒤로 법을 맡은 관리들이 다투어 해치로 만든 관을 썼어. 그래서 나중에는 해치가 새겨진 모

■ 부엌에 붙여 잡귀와 화재를 막는 데 썼다는 해치야. 호랑이 그림은 대문에, 개는 창고문, 닭은 중문, 해치는 부엌에 붙였대. 해치의 붉은 깃털과 표피로 만든 것이 해치관이야.

자가 법관의 모자가 되었지.

우리나라에서는 법을 맡은 사헌부의 수장인 대사헌의 웃옷에 앞뒤로 그려서 썼다고 해. 해치처럼 공평무사하고 엄격하게 법을 시행하라는 의미지.

■ 대사헌의 옷에 붙인 해치흉배. "나는 정의의 사자다. 봐라. 내가 봐주게 생겼나? 잘못한 사람은 절대로 용서 못해."

해치 & 방게

어떤 사람은 두목해는 해치가 아니라 방게라고도 해. 평소에는 호수나 바닷속에서 살면서 고요하면서도 한가로운 것을 즐긴다나. 그래서 28수의 신장 중에서 제일 약하고 순하다고 하면서…. 하지만 방게는 축 방향의 예비 동물 중 하나야. 본래 지상에도 각 방향마다 아홉 동물씩 배당해서 36동물을 배당한 적이 있는데, 축 방향에는 소와 게 그리고 자라를 배당했었어. 그래서 방게라고 생각했나봐.

▪ 용왕은 백마를 타고, 거북, 게, 새우, 조기 등은 맨발로 용왕을 호위하고 있어. 하늘 높이 올라가 구름을 타고 바다를 살펴보는 모습이지. 특이한 것은 사람 몸에 게나 새우 등의 얼굴만을 올려놓을 수가 없어서 몸통 전체를 올려놓았어. 어때, 얼굴만 있는 것보다 더 실감나지? 두목해가 게라고 하는 사람도 있어서 넣어본 그림이야.

해치와 두수

두목해는 올바른 것을 좋아하고 잘 판단하며, 물을 다스려서 세상을 윤택하게 하는 동시에 불나는 것을 방지하고, 생명이 탄생하는 것을 주관하는 중요한 신이야. 평소에 반하 같은 매운 것을 먹음으로써 자신의 올곧은 마음을 유지하고, 한편으론 새로 태어나는 생명을 위해주고 아껴주는 마음이 있는 거지.

두수의 '두' 자는 '말 두斗'를 쓰는데, 곡식을 재서 양이 얼마나

해치와 궁기窮奇

『산해경』이란 책에 해치를 '치鳥'라는 산에 사는 뿔이 하나인 양이라고 표현했는데, 푸른색의 다리가 넷이 달린 동물이야. '신양神羊' 또는 '해동解東'이라고 불리며 북황산에 사는데, 사람이 싸우는 것을 보면 옳지 못한 사람을 뿔로 들이받고, 사람이 논쟁을 하면 바르지 못한 자를 깨문다고 했어.

『산해경』이란 이름은 처음 들어 보겠구나. 이 책은 고대 아시아 각 지역의 산과 바다의 위치와 그곳에 사는 사람이나 동식물 등을 기록한 책이야. 아주 옛날에는 기운과 기운이 서로 뭉치고 흩어져서 동물을 만들었기 때문에, 기기묘묘한 동식물이 많이 기록되어 있지. 잘 믿기지 않는 그런 동물들도 많지만, 옛날이야기 듣는 셈치고 한 번쯤 볼 만한 책이야.

옛날 요임금 때 법을 맡아 다스렸던 고요씨皋陶氏도 죄의 유무가 판단이 잘 안 될 때면, 해치를 풀어놓아서 해치가 건드리는 자를 죄인으로 판결했대. 또 감옥을 지을 때 해치가 있는 동북쪽에 짓는 것도 해치의 올바른 판단을 본받자는 뜻이야.

해치하고는 성격이 반대인 동물도 있어. 바로 '궁기窮奇'라는 동물이야. 해치는 올바르지 못한 사람을 들이받고 물지만, 궁기는 올바르지 못한 사람을 위하고 감싸주지. 자기와 성격이 딱 맞다고 하면서 말이야. 그래서 소인을 궁기라고 부르기도 해.

되는지 정확히 재는 역할이야. 이것을 본받아서 나랏일을 하는 관리가 정확히 재서 잘잘못을 판단하여 백성과 대통령의 마음을 알아서 연결시키는 거야.

반짝반짝 정보마당

사자성어 & 속담
- 해태눈 - 눈이 있어도 잘 보지 못한다는 의미. 법과 정의의 수호신으로서 해태상을 세워 놓아도 탐관오리가 근절되는 것은 아니어서, 눈이 있어도 보지 못한다는 의미가 생김. 이러한 이유로 뻔히 보았으면서도 제대로 판단하지 못하는 사람을 보고, 궁궐 앞에 앉아 눈을 부릅뜨고 있으면서도 탐관오리를 밝혀내지 못하는 해태의 눈을 빗대어 해태눈이라고 함.

교과관련
- 초등학교 4학년 2학기 말하기·듣기·쓰기 〈해치와 괴물 4형제〉
초등학교 6학년 1학기 읽기 〈광화문의 해치〉
: 광화문에만 해치가 있는 줄 알았는데 해치는 옛날 법관들의 모자에도 있었다네요. 본문의 〈해치관〉을 읽어보면 시비를 분간할 줄 알며 착한 사람을 보호하고 악인을 미워하는 해치의 성격을 잘 알 수 있습니다.

추천장소
- 광화문 광장 해치마당 http://square.sisul.or.kr
세종문화회관과 이순신장군 동상 사이로 광화문광장과 지하철 광화문정거장을 연결하는 지하통로에 조성된 곳으로 꽃을 단청문양으로 표현한 플라워카펫과 한양의 상징인 해치상을 볼 수 있습니다.

두목해

❷ 牛 소우 金 쇠금 牛 소우

상징	거북 뒷다리	영토	8°
크기	2m 70cm	보이는 때	7/25~8/25
운행 방위	○ 표(북북동)	해당지역	경상남도 북서부지역
		부하별수	10(58)
		힘의세기	★★★★★

의미 │ 희생, 도로, 수로. 밝고 커지면 교통이 잘 통하게 되고, 가축 특히 소가 잘 자라고, 그렇지 않으면 반대로 된다.

우금우

우수를 수호하는 신장을 우금우라고 부르는데, 두목해하고 이름 구조가 똑같아. 맞아! '우'는 북방현무칠수 중에서 '우수'라는 별자리 이름이고, '금'은 칠정 중에 금성의 정기를 받았다는 말이고, 끝의 '우'는 그 동물의 이름이 소라는 뜻이지.

우금우 역시 반인반수로 생겼어. 그러니까 소의 머리에 사람의 몸을 하였는데, 키가 2m 70cm나 돼. 두목해보다 20cm나 더 큰 거야. 얼굴은 황소처럼 누렇고 검은색이며, 이마 위에 두 개의 뿔이 나와 있지. 검은색 갑옷과 전포를 입었고, '黃(누를 황)' 자가 쓰여 있는 황금의 두건을 쓴 데다, 손에는 큰 칼을 잡고 있어서 소답지 않게 위엄 있게 생겼어. 아마 두건 위의 '누를 황' 자는 황소를 뜻하는 것일 거야. 뿔이 두 개 나온 것도 황소를 뜻하는 거고.

우수

우수는 백성의 행복과 관련이 많은 별이야. 하늘의 관문으로 해와 달 오성이 다니는 길이며, 주로 제사에 쓰는 제물과 관련이 있어. 중간에 있는 한 개의 별은 소하고 관계가 많은데, 이동하면 소에 재앙이 많게 되고, 밝고 커지면 백성들이 잘살게 되고, 구부러지면 사들이는 곡식의 값이 비싸진대.
우수를 견우라고도 해. 맞아. 견우직녀 이야기에 나오는 견우야.

소를 끄는 사람이라는 뜻이지. 해질 무렵에 견우가 보이면 소 부리는 일을 그만두고 다음해를 위해서 소를 쉬게 했어. 소를 쉬게 하는 별이라고 해서 견우라고 이름 지었나봐.

맨 아래(실은 하늘의 중심)에 직녀별이 보이지?

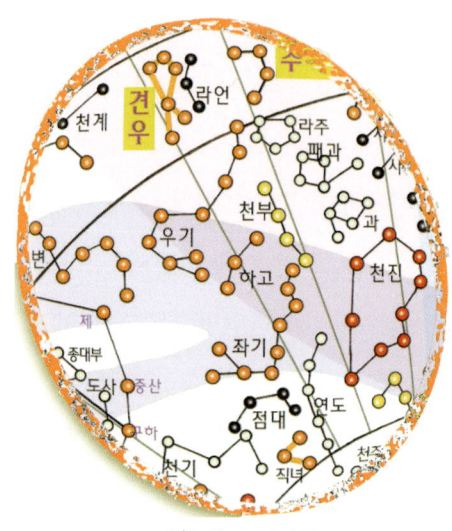
■ 우수와 주변별들

가운데 보라색은 은하수야. 소를 끌어 농사를 짓는 견우와 베를 짜 옷을 짓는 직녀가 은하수를 사이에 두고 서로 만나지 못하다가 칠석날에만 까마귀와 까치가 놓아준 오작교 위에서 만난다는 이야기의 별자리야.

우수의 부하별자리와 다스리는 영토

28수 중에 우수는 8°의 영역을 맡아 다스리는 별자리야. 소가 덩치가 커서 그런지 다스리는 영역이 생각보다 작아 보여. 그래도 부하별자리는 열이나 돼.

누에고치로 실을 만들어서 천을 짜고 풀의 열매 등을 채집하는

베 짜는 여자관리(**직녀**織女), 임금님이 농사와 베 짜는 일을 시찰할 때 수레와 가마를 타고 다니는 길을 관리하는 **수레 길**(**연도**輦道), 물 위에 세운 누대라는 뜻으로 백성들에게 시간을 알려주는 **물시계 탑**(**점대**漸臺)은 겨울철의 베 짜기와 깊은 관련이 있어.

그 밑에 장군의 명령을 하달하는 **왼쪽 깃발**(**좌기**左旗)과 **오른쪽 깃발**(**우기**右旗), 군대를 진군시킬 때 쓰는 북과 부월(지휘권을 상징하는

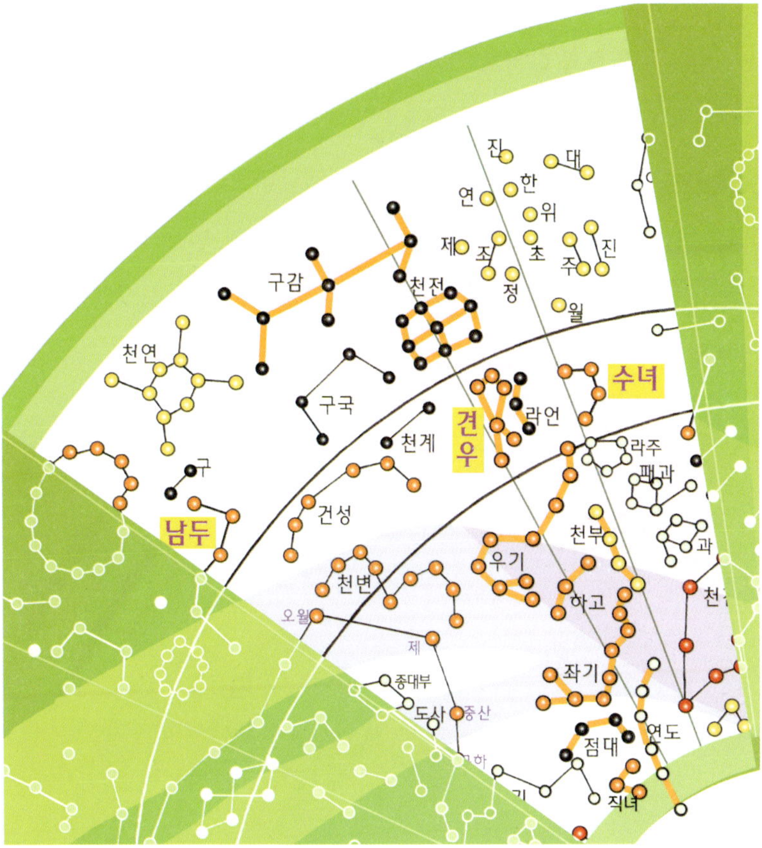

도끼)을 관리하는 **북**(**하고**河鼓), 시간을 알려주고 북을 치는 것을 주관하는 **북채**(**천부**天桴)가 있어. 겨울철에는 농부가 쉬는 걸로 알지만 틀렸어. 베를 짜서 옷감을 만들면서도, 혹시 있을지 모르는 외적의 침입에 대비해서 군사훈련을 하는 것이지. 그뿐만 아니야. 봄농사를 대비해서 준비도 해야 하니까, 그 밑에 임금님이 직접 농사 시범을 보이는 **임금님 밭**(**천전**天田), 하천이나 도랑의 물을 주관하는 **하천**(**구감**九坎), 제방을 쌓아서 물을 저장함으로써 논과 밭에 물을 대주는 **저수지**(**나언**羅堰) 등이 있는 거야.

우수는 거북이의 뒷다리 허벅지에 해당하는 별이야. 뱀으로 볼 때는 꼬리부분에 가깝고, 셋씩 뭉쳐 여섯 개의 별로 되어 있는데, 황도궁 중에서는 마갈궁에 속하고, 우리나라에서는 경상남도의 북서부지역에 해당하지.

마갈궁은 '갈 마磨, 다할 갈竭' 또는 '흑염소 갈羯'을 쓰는데, 연마하는 데 최선을 다함, 또는 갈고닦아 훌륭하게 된 흑염소 정도의 뜻이지. 서양별자리의 염소자리에 해당돼.

■ 우수에 해당하는 지역 : 창원, 대구, 청도, 밀양.

소

소는 날이 춥거나 비 오고 눈 오는 것을 싫어하고, 맑고 따뜻한 날을 좋아해. 또 덩치도 크고 힘도 세지만 평소에는 참으로 순해. 그래서 아주 오랜 옛날부터 집에서 기르는 가축이 되었어. 특히 우리나라에서는 소를 생구生口라고 부르며 소중히 여겼지. 식구食口는 가족을 뜻하고, 생구는 가족은 아니지만 한 집에서 같이 사는 하인이나 종을 말해.

소를 생구라고 한 것은 다른 가축보다 한 단계 높이 봐서 말귀를 알아듣는 사람대접을 한 것이야. 이렇게 사람대접을 하며 높인 것은 소가 사람 대신에 힘든 일을 해주고, 또 소 값이 비싸서 재산으로써도 한 몫을 단단히 했기 때문이지.

소가 동물 중에 가장 착실하게 잘살고 자식을 잘 기르므로, 동물의 암컷과 수컷을 나타내는 글자에 모두 '소 우牛'를 넣었어. '수컷 모牡' 자는 '소 우牛+흙 토土' 자로 힘센 수소가 땅을 간다는 뜻이고, '암컷 빈牝' 자는 '소 우+숟가락 비ヒ' 자로 순한 암소로 조상을 모시고 먹거리를 준비한다는 뜻이지. 그러니까 소를 동물의 대표로 본 거야.

> ●●●●● 소를 부르는 이름
>
> 소의 어린 자식을 송아지라고 하는데, 한자로는 독犢이라고 써. 송아지라는 이름은 한 살까지만 쓰고, 두 살부터는 한자의 숫자를 넣어 나이를 표시하기도 해. 즉 두 살배기 소는 패㸬(=牰)라 하고, 세 살배기는 삼㸬이라 하고, 네 살배기 소는 사㸬라고 부르지. 이렇게 여러 이름으로 나눈 것은 소가 아주 소중하다는 뜻이야.

우금우

소는 희생의 동물

소는 음기가 많은 동물이기 때문에 '일어날 때는 뒷발부터 펴고 누울 때는 앞발부터 구부린다'고 해. 또 '소가 병들게 되면 제일 먼저 귀가 물기 없이 마르게 되고, 편안하면 귀에 습기가 있으면서 윤택이 난다'고 해. 그래서 소를 희생으로 고를 때에는 귀를 살펴서 좋은 소를 고르지. 귀는 오장육부 중에 가장 아래 있으면서 음기가 강한 신장하고 연관이 있어서 그래. 맞아! 너희들도 매일 귀를 잘 문지르고 주무르면 기억력도 좋아지고 똑똑해지지. 사람도 귀에 윤이 나는 사람이 신장기능이 왕성해서 기억력이 좋은 거야.

그런데 희생이 뭐냐고? 제사 때 제물로 쓰는 동물을 희생이라고 해. 왜, 다른 사람을 위해서 희생했다고 하잖아? 사람 대신, 사람을 위해 죽는 동물을 희생이라고 하는 거야. 신에게 좋은 음식을 바쳐야겠는데, 사람이 만물의 영장이니 제일 좋고 훌륭한 제물이 될 수 있지만, 그렇다고 사람을 바칠 수는 없잖아. 그래서 동물 중에서

■ 이중섭 아저씨가 그린 소야. 힘은 세 보이는데 눈망울은 순하게 생겼지.

제일 잘생기고 깨끗하고 크고 맛있게 생긴 동물을 희생으로 삼는 거야. 그런 면에서 볼 때 예로부터 소가 제일 좋은 희생으로 여겨졌던 거지.

어느 소가 밭을 더 잘 가는가?

옛 사람들은 소가 잘 듣지 못한다고 하면서도 한편으로는 칭찬과 비난을 알아듣는 영물로도 여겼지. 왜 소가 팔려갈 때, '아! 이제 죽는구나!' 하고 눈물을 흘린다잖아.

세종대왕 때 명재상 황희와 소에 관련된 재밌는 일화가 있어. 황희가 암행어사로 평안도에 가게 됐을 때의 일이야. 황희가 길을 걸어가는데 소 두 마리가 나란히 밭을 가는 게 눈에 들어왔지. 그 광경을 재밌게 보던 황희는 두 소 중 어느 소가 더 부지런한지 궁금해졌어. 그래서 농부에게 물었지. "이보게, 어느 소가 밭을 더 잘 가는가?" 이 말을 들은 농부가 잠시 소를 세우고는 황희가 있는 곳으로 뛰어왔어. 그리고는 귓속말로 말했지. "이쪽 누렁소가 더 잘합니다." 그 말이 뭐라고 귓속말까지 하는지 의아했던 황희가 물었어. "어째서 그걸 귀에다 말하나? 그냥 말해도 될 것을." 그러자 농부가 웃으며 대답했어. "비록 소일 뿐이지만 대놓고 한쪽만 칭찬하면 다른 소가 기분 나빠 하지 않겠습니까?"

농부의 말인즉, 소가 사람의 말을 알아듣는다는 거지.

■ 요임금이 허유에게 임금자리를 물려주겠다고 하니까 그 말을 들어서 귀가 더러워졌다고 귀를 씻었어. 임금이 될 능력과 덕이 모자라는데 그런 말을 들은 게 모욕이라고 여겼나봐. 그때 마침 소에게 물을 먹이러 왔던 소보가 그런 더러운 물을 먹일 수 없다고 하면서 소를 끌고 다른 곳으로 떠나는 그림이야.

■ 소의 색깔이 놀랍지? 진리를 깨우쳐 누런 소가 흰 소로 바뀌는 과정을 나타내고 있대. 왜 꼬리부터 하얗게 되냐고? 소는 음기가 많은 동물이라서 머리보다는 꼬리에 우선권을 주는 거야.

🔴🟠🟠🟡⚪ 우족점

옛날 북부여에서는 전쟁이 있을 때 소를 잡아 하늘에 제사를 지냈는데, 제사를 지내면서 소발굽으로 전쟁의 승패를 점치기도 하였지. 불을 피워 발굽이 둘로 확실히 갈라지면 전쟁에서 지게 되고, 발굽이 하나로 모이게 되면 승리한다고 본 거야. 나와 적, 이렇게 둘로 나눠진 나라가 우리 편이 승리함으로써 통일되어 하나가 된다는 것이지. 이것을 소의 발로 점을 쳤다는 뜻에서 우족점牛足占이라고 해. 소가 성실한 동물이어서, 열심히 일하고 고생한 그 발에 신의 계시가 내린다고 본 것이지.

🔴🟠🟠🟡⚪ 소는 귀머거리

어떤 사람은 우금우의 귀에는 구멍이 없으므로 코로 소리를 듣는대. 원래 현명한 사람은 다른 사람의 말에 귀를 기울이는 법이지만, 우금우가 모든 것을 다 잘 아는 신이라고 자부해서 잘 안 듣는다는 뜻이겠지. 어떻게 보면 현명하지 않다는 뜻도 되는 거야.

그럼, 잘 듣고 잘 보는 것이 총명한 거지. 총명이라는 말도 '귀밝을 총聰' 자에 '눈밝을 명明'을 쓰잖아. 그래서 "남의 말을 콧등으로 듣는다."고 하면, 우금우처럼 '흥! 흥!' 콧방귀를 뀌며 제대로 듣지 않는다는 뜻이야. 어쨌든 28수 신장 중에서는 용과 소가 '귀머거리'라는 말을 들어.

형님이 된 소

이런 일화 말고도 실제로 똑똑한 소가 있어. 강원도 정선에 가면 결의소라는 것이 있는데, 두 마리가 한 마리처럼 호흡을 맞춰 일한다는 뜻에서 생긴 말이야.

 강원도의 밭은 보통 산을 일궈서 만들었기 때문에 가팔라. 소 한 마리로 밭을 갈기에는 힘이 부치기 마련이지. 그래서 두 마리를 나란히 연결해서 쟁기를 끌도록 한 것이야. 정선 사람들은 칡소 또는 흑소라고도 하는 거무튀튀한 소 두 마리가 가파른 산등성이를 일구며 가는 모습에서 의리로 맺어진 인간의 아름다움을 봤나봐.

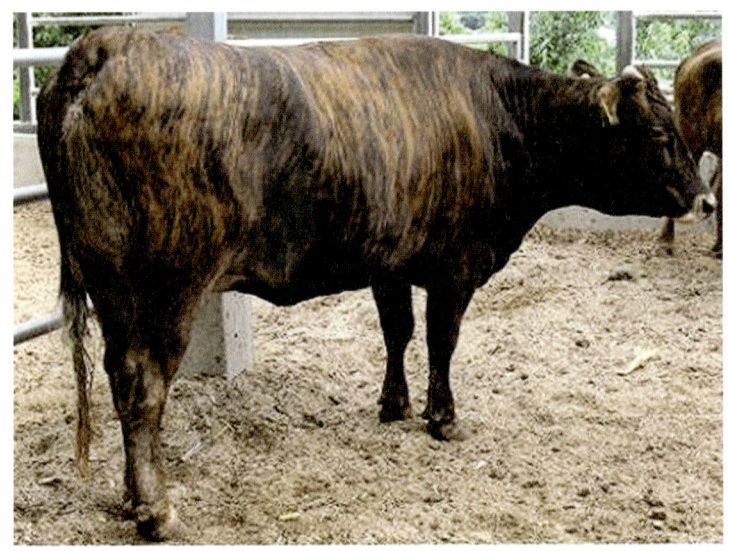

■ 칡소, 호반우라고도 하는 한국 고유의 소. "송아지 송아지 얼룩송아지…. 내가 바로 그 주인공이야."

원래 우리나라 소는 얼룩덜룩해서 칡소라고 불렀어. 요즘은 한우라고 하면 누런 소를 뜻하지만, 일제강점기 전에는 칡소가 주류였었지. 왜, 노래도 있잖아. "송아지 송아지 얼룩송아지. 엄마소도 얼룩소, 엄마 닮았네." 하는 노래 말이야. 그 얼룩소는 사실 젖소가 아니고 칡소야. 마치 거무스름한 칡이 얼기설기 몸을 둘러싼 것 같다고 해서 얼룩소라고 부른 거야. 그 '얼기설기'가, 그러니까 등에서 배를 덮으며 난 무늬… 맞아! 범처럼 그렇게 난 무늬야. 그래서 범같이 얼룩덜룩한 무늬가 있는 소라고 해서 호반우虎班牛라고도 하지.

결의소는 영리한 데다가 의리가 두터워. 한 마리가 낮은 곳을 지나면 다른 한 마리는 무릎을 꿇어 키를 맞추며 보조를 맞추는 거야. 주인이 시키지 않아도 알아서 하는 거지. 또 고집이 세서 마음에 안 들면 절대로 말을 안 듣는다고도 해. 그래서 결의소를 부려서 일을 하려는 사람은 먼저 결의소의 속성을 알고, 서로 호흡을 맞춰 두어야 소를 부릴 수 있다고 하지.

어떤 집에 동생이 새로이 살림을 나게 되어 형이 소 한 쌍을 사 주었어. 그리곤 동생에게 일하는 방법을 가르쳐주기 위해 앞에서 소의 멍에를 쥐고 결의소를 유도하였지. 뒤에서 결의소를 몰게 된 동생이, "이랴! 오른쪽으로! 이랴! 왼쪽으로!" 해야 옳지만, 형님이 앞에서 소의 멍에를 잡고 유도하고 있는 것을 생각해서, "형님! 왼

쪽으로요! 형님! 오른쪽으로요!" 하고는 소를 몰았어.

그렇게 형님에게 결의소 부리는 방법을 다 배운 동생이 자신의 밭으로 가서 "이랴! 오른쪽으로! 이랴! 왼쪽으로!" 하였더니, 소가 꼼짝도 안 하는 거야. 아무리 다그쳐도 꼼짝을 안 하는 소를 얼러도 보고 때려도 보았지만, 모두 소용 없었어.

그래서 곰곰이 생각하다가 전에 형님한테 들은 말이 생각이 났어. "결의소는 일을 배울 때 들은 소리에 의해서만 움직이지, 다른 소리에는 고집스레 꼼짝도 안 해. 가령 아리랑을 부르면서 일을 가르치면 아리랑을 불러야만 움직이고, 시조를 읊으면서 일을 가르치면 시조를 읊어야만 움직이지…"

■ 형님이라고 안 하면 밭 안 갈 거야. 내가 고집도 세고 똑똑하기도 하거든.

아하! 하고 무릎을 친 동생이 "형님! 왼쪽으로요! 형님! 오른쪽으로요!" 했더니, 아니나 다를까 소가 시키는 대로 말을 잘 듣는 것이야. 할 수 없이 그때부터 "형님! 왼쪽으로요! 형님! 오른쪽으로요!" 하면서 일을 했다는 이야기지.

사람머리에 소몸통

고구려의 안악 1호분의 고분 벽화에는 소그림이 있는데, 우금우와는 달리 몸뚱이는 소고 얼굴은 사람의 형상을 하고 있어. 이는 몸은 비록 소로 태어나 소의 일을 하고 부림을 당하지만, 생각하는 것은 사람 못지않다는 뜻이지. 중국에서도 촉땅의 소는 멍에를 하지 않는다고 그래. 태어날 때부터 사람 말을 잘 알아듣기 때문에

■ 황해도 안악고분에 그려진 소인데, 사람얼굴에 소의 몸을 가지고 있어. 아마 몸은 소일망정 마음은 사람과 같이 훌륭하다는 뜻인가봐.

굳이 멍에를 할 필요가 없다는 거지.

소명절

그런가 하면 소의 명절도 있어. 정월 들어 첫 번째 축일(丑日:소의 날)은 '소날'이라 하여 소에게 일을 시키지 않고, 쇠죽에 콩을 많이 넣어 잘 대접하였지.

이 날은 소의 마음을 편안히 하기 위해서, 도마질이나 방아질을 하지 않고 쇠붙이로 된 연장도 쓰지 않았어. 소의 명절날 쇠고기를 썰어 먹는 도마를 쓰지 않고, 소가 고생하며 돌리는 연자방아를 연상시키는 방아, 그리고 쟁기나 써레를 연상시키는 쇠붙이도 안 씀으로써 소의 몸과 마음을 편안하게 해 줬어. 소의 몸뿐만 아니라 마음까지 걱정해준 거지. 조상님들의 생구를 위한 착하고 자상한 마음을 알 수 있는 대목이야.

또 소명절이 며칠 만에 오는가를 세어서 그 해의 풍년과 흉년을 점쳤는데, 정월 초사흗날이 소명절이면 '삼우경전三牛耕田'이라 하고, 아흐레 만에 오면 '구우경전九牛耕田'이라고 하였어.

'경전'은 밭을 간다는 뜻이고, 지지가 12이니, 정월 첫날이 축일이면 한 마리가 밭을 가는 것이고, 12일이 축일이면 열두 마리가 밭을 가는 것이 되지. 예를 들어 '구우경전'은 아홉 마리의 소가 밭을 간다는 뜻이 되는 거야. 열두 마리 중에 아홉 마리는 높은 비율이니, 많은 노력을 들인다는 뜻이 돼.

　무슨 말이냐고? 수확은 같은데 노력은 더 많이 든다는 뜻이야. 지난해 기르던 소의 숫자가 뻔한데, 갑자기 올해의 소가 더 많아질 리 없잖아. 그러니 결국 가물거나 비가 많이 오게 되어 일거리는 많아지고 노동력은 부족해서 흉년에 가깝게 된다는 뜻이야. 그렇지! 될 수만 있다면 일우경전一牛耕田이 제일 좋은 것이지.

멍에를 씌우는 이유

소에게 멍에를 씌우는 것이 나쁘다고? 그렇기는 해. 멍에를 씌우려면 코뼈를 뚫어야 하는데, 어린 송아지가 얼마나 아프겠어? 오죽 아프면 나중에 소가 자라서 힘이 세지더라도 고삐만 잡아당기면 꼼짝을 못할까? 코뼈 뚫을 때만 아픈 게 아니고, 아물고 난 뒤에도 아픈 거지. 사실은 그렇게 아픈 곳이라서 코뼈를 뚫는 것이기도 하고. 소가 아무리 기운이 세더라도 고삐만 잡아당기면 말을 잘 듣게 되는 거지.

　옛 분들은 "소의 발굽이 둘이고 뿔이 둘인 것은 소가 음기운을 많이 받고 태어난 동물이기 때문에 짝수로 난 것이고, 소가 순한 동물이기 때문에 쇠가죽으로 북을 만들어 치면 모든 사람이 그 신호에 따르는 것이다."라고 했지. 그렇게 순하디 순한데도 코뼈를 뚫어 꼼짝 못하게 한 이유는 뭘까?

혹 말을 듣지 않을 수도 있는 것을 미연에 방비하는 것이야. 소가 말을 듣지 않으면 때려서라도 말을 듣게 해야 하는데, 웬만큼 때려서 소가 꿈쩍이나 하겠어? 그래서 세게 때리다 보면 자칫 병신이 될 수도 있잖아. 그러니 그렇게 병신이 되게 때리는 것보다는 멍에를 해서 쉽게 소를 제어하는 편이 낫다고 생각한 거야. 사람도 편하고 소도 매를 맞지 않아도 된다는 것이지.

한편으론 너구리나 여우가 예쁜 가죽 때문에 죽듯이, 소도 기운이 너무 세서 코뼈를 뚫리게 된 거야. 가장 큰 장점이 자신을 옥죄는 단점이 될 수도 있다는 거지.

소와 우수

소는 힘세고 덩치도 크지만 순한 눈을 한 순둥이야. 결의소처럼 영리하고 협조도 잘하며, 신에게 바칠 제일 좋은 희생으로 꼽힐 정도로 순박하고, 우족점을 쳐서 국가의 대사를 알아볼 정도로 영험하기도 해. 그렇지만 한편으론 귀머거리라고 할 정도로 다른 사람의 충고를 잘 안 듣기도 하지.

그러니까 우금우는 자기 마음에 들면 우직하게 열심히 일하지만, 마음에 들지 않으면 못 들은 체 하고 마음껏 게으름을 피운다는 거야. 우수의 의미도 소가 열심히 일해야 풍년이 들 수 있기 때문에, 농사와 가축 키우는 일과도 연관이 있고, 또 소에 물건을 싣고 멀리 운반할 수 있기 때문에 운송교통과도 연관이 있어.

반짝반짝 정보마당

사자성어 & 속담

- 대우탄금(對牛彈琴) - 소를 마주하고 거문고를 뜯다. 어리석은 사람에게 깊은 이치를 말해봤자 소용이 없다.
- 교각살우(矯角殺牛) - 소의 뿔을 바로잡으려다가 소를 죽인다는 뜻. 결점이나 흠을 고치려다가 수단이 지나쳐서 도리어 일을 그르침.
- 구우일모(九牛一毛) - 아홉 마리 소 가운데 털 하나. 아주 큰(많은) 물건 속에 있는 아주 작은 물건을 뜻함.
- 소 닭 보듯(또는 닭 소 보듯) - 서로 관심이 없는 모양.
- 소도 언덕이 있어야 비빈다 - 소도 언덕이 있어야 가려운 곳을 긁을 수 있다는 뜻. 누구든 의지할 곳이 있어야 무슨 일이든 할 수 있음을 비유한 말.
- 소 뒷걸음질 치다 쥐 잡기 - 소가 뒷걸음질 치다가 우연히 쥐를 잡았다는 뜻. 우연히 공을 세운 경우를 비유한 말. 의도하지 않게, 얼떨결에 공을 세움.
- 소 잃고 외양간 고친다 - 소를 도둑맞고 나서야 빈 외양간을 고친다는 뜻. 일이 이미 벌어진 후에 손을 써봤자 소용이 없음을 의미.
- Cows feed on grass.(소는 풀을 먹고산다) - 송충이는 솔잎을 먹고산다와 같은 속담. 자기 분수에 맞게 살아야 한다는 의미.
- Why buy a cow when milk is so cheap?(싼 우유가 있는데 소를 왜 사나?) - 값싸고 손쉬운 쪽을 택하는 것이 좋다.

교과관련

- 초등학교 3학년 1학기 말하기·듣기·쓰기 〈견우와 직녀〉, 〈누렁소 검정소〉
중학교 1학년 2학기 국어 〈화가 이중섭〉
: 본문에서 그려진 소의 성격을 교과서 속 이야기와 이중섭이 즐겨 그렸던 소 그림과 연관 지어 생각해보면 좋아요.

추천장소

- 횡성 고라데이 농촌전통테마마을 http://goradaeyi.go2vil.org
계절별로 다양한 농촌체험 프로그램들을 운영하고 있습니다. 봄꽃 트레킹, 심마니 체험, 고라데이 세라스탐방, 결의소 밭갈이 등 다양한 농촌 체험을 즐길 수 있습니다.

우금우

자방의 세 동물
여토복 허일서 위월연

	진	각 항
동방	묘	저 방 심
	인	미 기
	축	두 우
북방	자	여 허 위
	해	실 벽
	술	규 루
서방	유	위 묘 필
	신	자 삼
	미	정 귀
남방	오	류 성 장
	사	익 진

허수는 28수 중에 기준이 되는 별이야. 물론 북방을 대표하는 일곱 별자리 중에서도 가장 중심에 있지. 그러니까 허수는 북방현무칠수 중에서 기준이 되는 별자리일 뿐만 아니라, 28수 전체 중에서도 기준이 되는 별자리야.

뿐만 아니라 이곳이 땅으로 볼 때도 기준 동물이 되는 쥐에 해당하지. 이 허수를 중심으로 왼쪽에 있는 여수와 오른쪽에 있는 위수에게, 각기 박쥐와 제비를 배당해서 허수의 쥐와 더불어 자방의 세 동물이라고 하는 거야.

이 세 동물은 모두 쥐처럼 검다는 특징이 있어. 하루 중 자시(밤 11시~새벽1시)는 한밤중으로 깜깜해. 어제와 오늘의 중간이고, 오늘과 내일의 중간이지. 또 1년 중 자월(양력 12월)은 아주 추운 때야. 말로는 해가 점점 가까워져서 따뜻한 양기운이 자라기 시작한다는데, 양기운이 생겨나기 시작한다는 말은 음기운이 세상을 온통 덮었다는 말이기도 하지.

쥐는 열두 동물 중에 1등이라고 하지만, 1등은 꼴등이기도 해. 오늘의 마지막 시간은 밤 12시인데, 그 12시가 지나야 새벽 1시가 되잖아. 그러니까 밤 12시는 꼴찌이면서 첫째이기도 한 거야. 자시는 하루 중에 밤 11시부터 새벽 1시까지를 맡아 다스리는데, 밤 11시부터 밤 12시까지는 전날의 꼴찌이고, 밤 12시부터 새벽 1시까지는 오늘의 첫째지. 뿐만 아니라 자시라고 하면 오늘의 자시를 말하는지 어제의 자시를 말하는지 잘 몰라.

할아버지 제사 지낼 때 밤에 지내잖아. 그 밤이 바로 자시야. 너희들은 졸립다고 일찍 지내자고 하지만, 제사는 자시에 지내야 돼. 할아버지 제삿날이 6월 5일인데, 돌아가신 날은 6월 6일이야. 제사는 돌아가신 날 지내야 되는데 하루 당겨서 지내는 것이 이상하지 않니? 마치 돌아가시기도 전에 돌아가시라고 고사 지내는 것 같잖아.

사실은 미리 지내는 것이 아니고, 돌아가신 날의 제일 첫 시간을 돌아가신 분께 바친다는 뜻이야. 그렇지. 새벽에 지내야 되는데, 새벽보다는 하루의 시작인 자시에 지내는 거야. 그 자시가 전날 밤

11시부터 시작하니까, 전날 밤 11시에 제사 지내는 거지. 자시가 꼴찌이면서 첫째라는 양면성이 있기 때문에 마치 전날에 제사 지내는 것처럼 느껴지는 거야.

쥐도 이렇게 처음과 끝을 같이 사는 특징이 있어. 너 쥐가 쥐구멍에서 몸이 반만 밖으로 삐죽 나와 있을 때, 그 쥐가 나올 건지

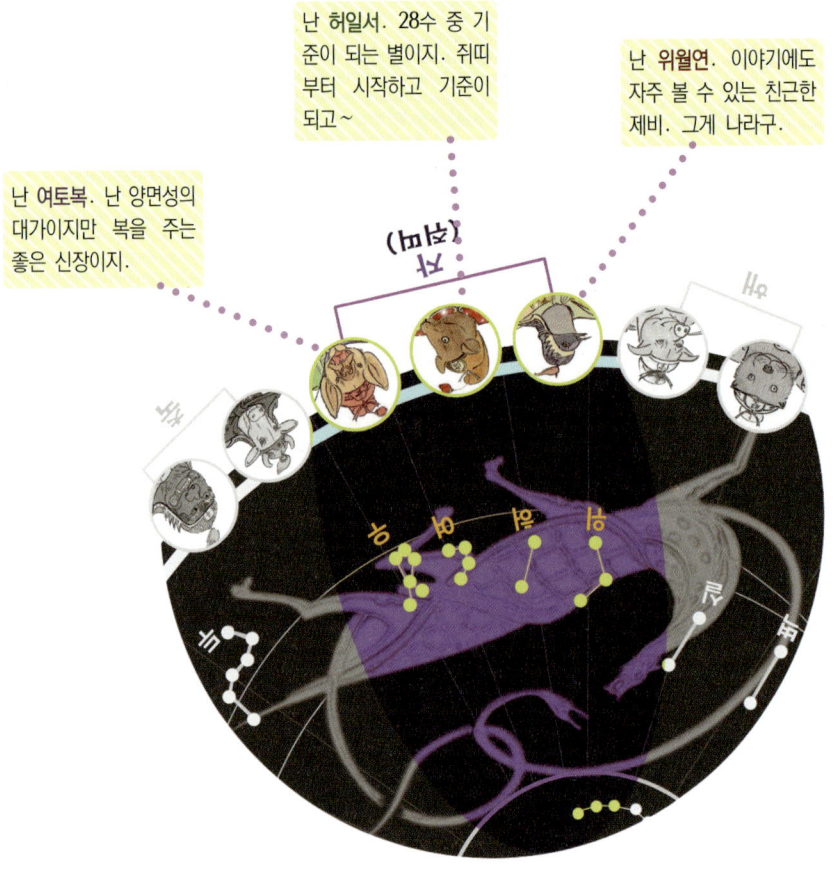

들어갈 건지 알 수 있어? 맞아. 그건 쥐 마음이야.

 박쥐도 날짐승인지 길짐승인지 아무도 몰라. 박쥐 마음이야. 나중에 왜 박쥐 마음인지 이야기해 줄게. 또 제비가 겨울을 우리나라에서 지낼지 아니면 강남으로 가서 지낼지는 아무도 몰라. 그것도 제비 마음이야.

 자방에 있는 세 동물들은 이렇게 이쪽도 될 수 있고 저쪽도 될 수 있으며, 사람과 아주 가깝게 살면서도 눈에 잘 안 띈다는 특징이 있지. 쥐해에 태어난 사람들은 박쥐, 쥐, 제비라는 세 동물의 성격을 많이 갖고 있다고 보면 돼. 특히 1~4월생은 박쥐, 5~8월생은 쥐, 9~12월생은 제비의 특성이 많지.

❸ 女 土 蝠
여자 여 / 흙 토 / 박쥐 복

상징	거북/뱀의 몸통
크기	1m 20cm
운행 방위	子(북)

영토	12°
보이는 때	8/3~9/3
해당지역	경상남도 동부
부하별수	7(51)
힘의세기	★★★

의미 작은 창고, 혼수품 관리, 궁녀와 나인.
밝으면 여성의 일자리가 많아지고, 어두우면 직장을 잃거나 아이를 낳다가 죽는 일이 많아진다.

여토복

여토복은 28수 중에 북방현무칠수인 여수를 수호하는 신장이야. 여수는 거북이나 뱀의 몸통 한가운데쯤 되는 별이지.

앞의 '여' 자는 28수 중에 여수라는 뜻이고, '토' 자는 토성의 정기를 받았다는 말이고, 끝의 '복'은 '박쥐 복' 자로 박쥐라는 뜻이야.

여수의 수호신인 여토복은 박쥐의 머리에 사람의 몸을 하였는데, 키가 1m 20cm로 28수 신장치고는 작은 편이지. 얼굴은 흙색에 누런색이 겹쳐진 그렇다고 회색은 아닌 오묘한 색이야. 누런 바탕에 연한 녹색의 전포를 입었으며, 붉은색 두건을 썼고, 손에는 황금색 홀을 들고 있어서 잔뜩 멋을 냈지만 그렇게 멋진 신장은 아니야.

여수

여수를 수녀須女라고도 해. 계급이 낮아서 천한 일을 하는 여자라는 뜻이야. 요즈음의 직장여성이라고 생각하면 돼. 옛날에는 직장 가진 여

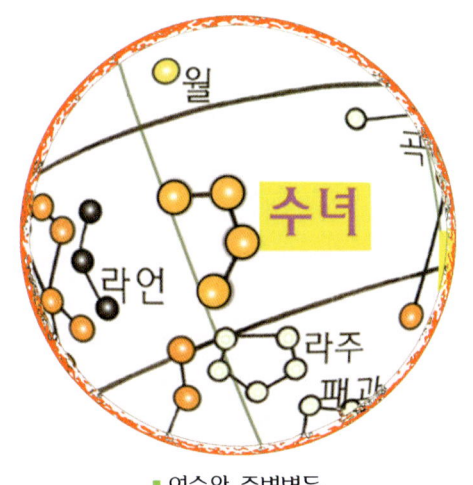

▪ 여수와 주변별들

성을 천하게 보았거든. 견우 옆에 있기 때문에 직녀라는 오해를 받는데, 직녀는 은하수 건너편 북극쪽으로 떠있는 별이야.

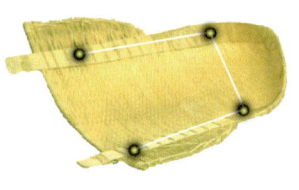

여수의 생김새도 기수와 비슷해서 곡식을 까부르는 키 같은 모양이야. 기수에서는 키의 의미를 쭉정이와 알맹이를 골라내는 측면으로 봤다면, 여수는 자질구레한 일들이란 측면으로 보았어.

여수는 혼수품을 만드는 별이야. 혼인할 때 쓰는 옷이나 이불 같은 것을 만들려면, 자잘하게 손 갈 곳이 얼마나 많겠어. 혼인은 두 사람으로 인해서 두 집안이 만나는 일이므로 혼수는 그 집안의 얼굴이 돼. 그래서 혼수품을 만드는 사람이 혼인의 주인공은 아니지만 안 보이게 중요한 역할을 하는 거지. 그래서 여수가 밝으면 풍년이 들고 여인들의 일자리가 늘어나고, 반대로 작고 어두우면 나라의 창고가 비게 된대.

여수의 부하별자리와 다스리는 영토

여수는 28수의 평균영역인 13°보다 조금 모자란 12°를 맡아 다스리는 별자리야.

여수의 주된 역할을, 겨울철의 여러 잡일을 하면서 봄을 기다린다고 생각하면 맞을 거야. 누에를 치고 길쌈을 관리하는 **광주리와**

지게(**부광**扶筐), 임금님이 육로로 시찰할 때 쓰는 수레를 관리하는 **해중**(奚仲), 교량과 나루터를 관리해서 수로를 원활하게 하는 **나루터**(**천진**天津)가 있어. 이 중에서 부광은 자미원에 있는 **임금님 주방**(**천주**天廚)과 가까이 있어서 여수에서 일한 것을 모아 임금님께 바

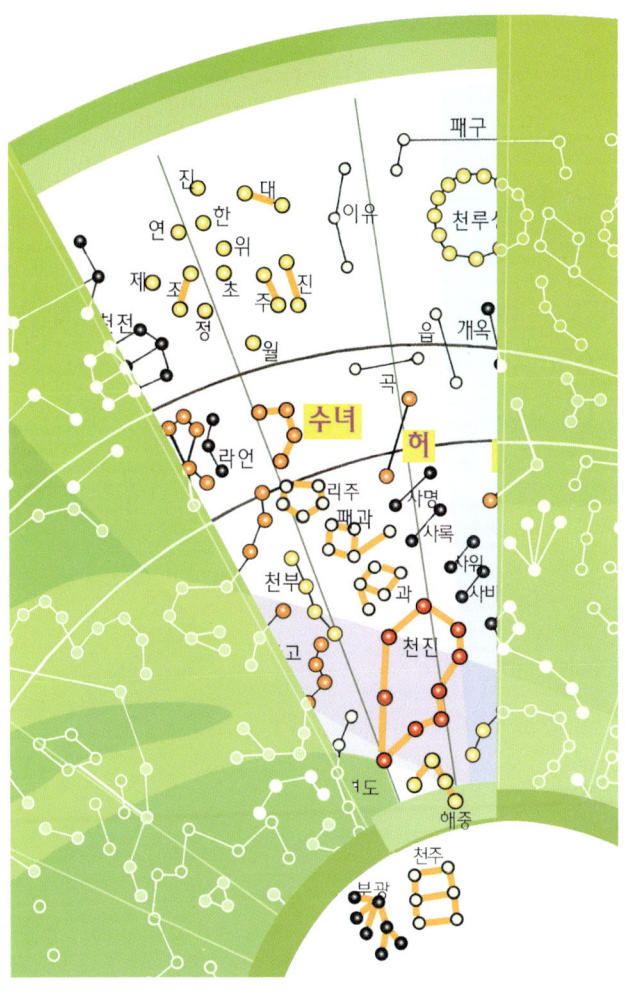

치는 역할을 하는 별자리야.

그 밑에는 봄이 될 때까지 먹고 지낼 마른 채소나 열매, 그리고 봄이 되어 종자가 될 씨앗을 보살피는 두 별자리가 있어. 싹이나 호박처럼 덩굴식물의 열매를 관리하는 **덩굴열매(과苽)**, 모든 채소나 곡식의 종자를 관리하는 **씨앗(패과敗苽)**이 그들이지. 또 조상님께 제사도 지내야 하니까, 임금이나 고관들이 제사 때 쓰는 보물을 보관하는 **보물창고(이주離珠)**도 있어야 해. 겨울의 어려움을 잘 지내나 전국을 다 살펴야 되니까, 중국에 있는 제후국들의 안위를 관리하는 **열두 제후국(십이제국十二諸國)**이 그 밑에 있는 거야. 그렇지 **해중**이 모는 수레를 타고 **열두 제후국**을 모두 순찰해야지.

해중이 무슨 뜻이냐고? 아주 먼 고대 왕국인 하나라 때 수레를 처음으로 만든 사람의 이름이야. 죽어서 하늘나라의 수레관리인으로 취직한 거지.

여수는 숨어서 일을 꾸미는 별이라고 해서 '응달 음陰', '꾀할 모謀'를 써서 음모성陰謀星이라고도 해. 네 개의 별이 사다리꼴로 모여 있고, 황도궁으로는 보병궁에 속해. 경상도의 동남쪽에 해당하지. 그러니까 여수가 또렷하거나 빛이 잘 나

▎여수에 해당하는 지역 : 김해, 양산, 경산, 경주, 울산, 기장.

면 해당지역이 그만큼 잘살게 되는 것이고, 빛이 흐려지거나 제대로 모습을 안 갖추고 있으면 이 지역이 좋지 않게 된다고 하지.

박쥐

박쥐는 지붕 모퉁이나 바위로 된 굴속에 살면서, 경칩에서 10월까지는 기운이 있어 돌아다니고, 추우면 동면을 하면서 움직이지 않아. 또 낮에는 동굴의 벽이나 천장, 바위의 틈, 초가집의 천장 속, 지붕의 기와 아래 등에서 쉬다가 밤이 되면 나가서 활동하지.

　박쥐는 앞다리가 날아다니기에 편리한 가죽으로 진화한 동물이야. 첫째 손가락은 갈고리 모양의 발톱만 남고, 나머지 네 손가락은 길게 늘어나 그 사이에 비막 또는 연막이라고도 하는 가죽이

있어서 이것으로 날아다니지. 뒷다리는 비막은 없지만 새발톱같이 날카로운 발톱이 있어서 나무를 잡고 매달릴 수 있어. 또 시력이 약해서 보지는 못하지만, 청각이 엄청 발달해서 약 30cm 간격의 철사망도 피해갈 수 있어.

그러니까 앞발을 써서 새처럼 날아다니고, 뒷발을 써서 나뭇가지에 매달려 있고, 발달된 청각으로 사물들을 잘 구별하며 날아다니는 거야. 덕분에 날짐승인지 길짐승인지 구별이 잘 안 가는 양면성을 갖게 된 거지.

더구나 날씨가 서늘해지면 동면하는데, 초가을에 교미를 하여 겨우내 동면하며 뱃속에서 길렀다가 여름에 한두 마리의 새끼를 낳아. 추우면 동면하고 따뜻하면 활동하는 그런 양면성도 있는 거지. 그래서 비록 작지만 다른 짐승들이 굴복시키기 어려워.

편복지역 蝙蝠之役

새들의 임금이자, 가장 영험한 봉황의 생일이었어. 모든 새가 봉황의 생일을 축하하려고 한자리에 모였지. 근데 박쥐만 빠진 거야. 화가 난 봉황이 부하들을 보내 박쥐를 잡아오게 했지. 그리고 끌려온 박쥐에게 호통 쳤어. "네가 감히 내 생일잔치에 빠질 수 있느냐!" 그러자 박쥐가 태연하게 대답했지. "나는 다리가 넷이고, 알이 아니라 새끼를 낳는데 어떻게 새들의 모임에 참석한단 말입니까?"

그 말에 봉황이 박쥐를 보니 정말로 다리가 넷이야. 다리가 넷인 새가 세상에 없고, 또 알도 낳지 않는 것은 새가 아니야. 머리를 긁적이던 봉황은 결국 박쥐를 풀어줬지.

얼마 뒤 이번에는 짐승의 임금이자, 영험한 기린의 생일날이 됐어. 온갖 짐승들이 모두 참석했지. 근데 이번에도 박쥐가 빠진 거야. 기린이 박쥐를 잡아다가 말했어. "어찌 내 생일에 참석하지 않는 게냐!" 이번에도 박쥐는 당연한 듯이 이렇게 말했어. "나는 날개가 있는 새인데 어찌 짐승의 모임에 참석하지 않았다고 꾸짖는 것입니까?" 기린이 가만히 보니 정말로 날개가 있는 거야. 결국 기린도 박쥐를 풀어주었지.

▌조선시대 때 그려진 기린 그림이야. 아프리카의 기린하고 다르지? 같다고 하면 화낼걸! 털 달린 동물 중에 가장 영험하다고 자부하고 있거든. 임금이 정치를 잘해서 태평성대를 이루어야 칭찬하는 뜻으로 잠깐 얼굴을 내보이는 고귀한 동물이야.

이렇게 자기 편의에 따라 새도 되었다가 짐승도 되었던 박쥐는, 결국 양쪽의 미움을 받아 다시는 어느 쪽에도 속하지 못하고, 어두운 동굴 속에 숨어 있다가 밤에만 밖으로 나오게 되었다고 해.

그래서 박쥐처럼 자의대로 자신의 역할을 정하고 자기 맘대로 핑계를 대는 것을 '편복지역蝙蝠之役'이라고 하고, 박쥐가 임금의 생일잔치에 참가하지 않았다고 해서 '편복불참蝙蝠不參'이라고도 해. 우리말로는 박쥐가 구실을 만들어 피했다 해서 '박쥐구실'이라고 하지.

이 이야기는 자기 편리한 대로 이리저리 붙으면서 요리조리 책임을 회피하는 박쥐의 특성과 겉모습을 잘 표현한 설화야. 이러한 박쥐의 양면성은 자방에 있는 동물 모두가 가지고 있어.

박쥐양산

우리나라 개화기에 선교사들이 만든 여학교, 특히 배화학당에서는 쓰개치마 쓰는 것을 교칙으로 금했어. 당시 여자들은 얼굴을 가리고 외출해야 되는 풍속이 있었는데, 그렇게 하면 행동에 제약이 있다고 해서 얼굴을 못 가리게 한 거지. 그런데 이상한 일이 일어났어. 학생들에게 자유를 주기 위해 교칙을 만들었는데, 오히려 학생들이 얼굴을

▎쓰개치마

드러내는 것은 양반이 할 예절이 아니라면서 자퇴하기 시작했어.

그래서 학교에서는 임시방편으로 검은색 양산을 쓰게 하여 얼굴을 가리도록 하였어. 양산은 한편으론 여성만 얼굴을 가리는 풍속에 대항하면서도, 또 한편으론 그 풍속을 지키는 효과가 있었지. 이렇게 양면성이 있는데다 색깔도 검었기 때문에 이를 박쥐양산이라고 불렀어.

비 오면 우산이고 햇볕 나면 양산인 것이 박쥐의 양면성과 맞고, 여성을 개화시켜야 한다는 교칙에도 합당하고, 풍속을 지켜야 한다는 어른들의 뜻에도 합당하니, 참으로 박쥐가 봐도 "형님! 한 수 배웠습니다!" 하고 돌아갈 일이지. 그런데 그 모습이 좋아 보였는지, 그 이후로 양산이 급속도로 번졌다고 해.

■ 양산도 되었다가 우산도 되었다 하는 박쥐양산이야.

복을 부르는 박쥐

서양에서는 박쥐가 마녀나 악마의 상징으로 알려졌지. 그렇지만 동양에서는 오복의 상징으로 경사와 행운을 나타내. 그래서 경쇠나 노리개 등에 장식물로 조각되고, 또 집에 박쥐가 있어도 잡거나 쫓아내지 않았지. 아마도 '박쥐 복蝠' 자가 복을 나타내는 '복 복福' 자와 발음이 같고, 또 나방이나 모기 등 사람에게 유해한 벌레를 잡아먹기 때문이 아닌가 싶어.

또 신선들이 동굴에 있는 감로수를 받아먹고 오래 살았는데, 박쥐도 동굴에 살면서 감로수 있는 데를 잘 안다고 해서 물 떠먹는 그릇에 박쥐를 그려놓고 오래 살기를 기원하기도 했지.

▌박쥐 무늬 고리가 달린 경대. "우린 사람하고 엄청 친하다고."

박쥐와 여수

박쥐는 자기 편한 대로 새도 되었다 네 발 달린 짐승도 되었다가 하는 이중성을 갖고 있고, 눈이 안 보이는 대신 귀가 엄청 밝으며, 자기를 보호해준 사람도 아랑곳없이 자기 잇속부터 먼저 채우는 이기적인 면도 있어. 임기응변에 능하지만 나만 편하고 나만 이익되고자 하는 마음 때문에 결국 외톨이가 되는 거지. 그래서 큰 일을 못하고 허드렛일을 하는 하녀(수녀)가 되었는지도 몰라. 그 똑똑한 머리로 남을 배려하고 내 것을 나눠줄 수 있는 덕을 기른다면 최고가 될 터인데….

바로 이런 점이 백성들에게 세금을 거둬들이는 세무공무원, 또는 허드렛일을 하는 여자관리 등을 뜻하는 여수의 수호신장이 된 거야. 백성에게 세금을 거둘 때도 많이 받을 수도 있고, 법에 합당하게 정직하게 받을 수도 있거든. 물론 허드렛일을 할 때도 정성스럽게 할 수도 있고 그렇지 않을 수도 있고.

반짝반짝 정보마당

사자성어 & 속담	■ 새 편에 붙었다 쥐 편에 붙었다 한다 - 박쥐가 자기 이익에 따라 새 편에 붙었다 쥐 편에 붙었다 한다는 뜻, 자기 이익만을 위해 매번 이로운 편에 붙는 행동을 비유한 말. 박쥐구실과 같은 뜻. ■ 박쥐족 - 낮에는 쉬고 밤에는 활동하는 사람을 낮잡아 이르는 말.
교과관련	■ 중학교 미술 〈주생활 공예품에 등장하는 박쥐〉 : 조상들은 생활 곳곳에 박쥐를 그려 넣었습니다. 박쥐가 경사와 행운을 불러들인다고 생각했기 때문이지요. 그 이유는 본문을 통해 확인할 수 있어요.
참고도서 & 사이트	■ 박쥐 (지성자연사박물관 3) 손성원 글 l 지성사 박쥐 전문가가 들려주는 박쥐 이야기입니다. 박쥐의 형태와 구조, 행동, 서식처 등 박쥐에 대한 다채로운 사진자료와 함께 명쾌한 풀이를 들려주고 있습니다.

❹ 虛日鼠
빌 허 날 일 쥐 서

상징	거북/뱀의 몸통
크기	1m 10cm
운행 방위	子(북)
영토	10°
보이는 때	8/15~9/15
해당지역	경상북도 중부
부하별수	9(32)
힘의세기	★★★★
의미	묘당과 제사, 죽음에 관한 일. 벌 주는 일, 어둠의 일. 움직이지 않으면 평안하고, 움직이면 병란이나 도적, 세금, 질병 등이 많아진다.

허일서

허일서는 북방의 중심인 허수를 수호하는 신장이야. 하늘에 별들이 만들어질 때 허수부터 만들어졌다고 하니, 포유류 중에서 가장 오래 전부터 살았다는 쥐가 허수를 수호하는 것이 맞겠지. 허일서의 '허'는 28수 중에 허수라는 뜻이고, 가운데의 '일'은 칠정(해와 달, 목성, 화성, 토성, 금성, 수성) 중에 해의 정기를 받았다는 말이고, '서'는 쥐라는 동물로 상징된다는 뜻이지.

허일서는 쥐의 머리에 사람의 몸을 하였는데, 키가 1m 10cm로 역시 작은 편이고, 얼굴은 검은색에 약간 누런색이 비춘다고 해. 쇠비늘로 엮은 푸른색 전투복을 입었고, 황색 포대로 된 두건을 썼으며, 손에는 큰 칼(大刀)을 잡고 있다고 하지. 쇠비늘이 뭐냐고? 쇠를 물고기 비늘처럼 잘게 만들어서는, 서로 꿰어 갑옷을 만드는 데에 쓰는 거야.

허수

허수의 '허' 자는 비었다는 뜻이고 두 개의 별로 이루어졌어. 평소엔 비워놓았다가 제사 지낼 때만 쓰는 묘당, 혹

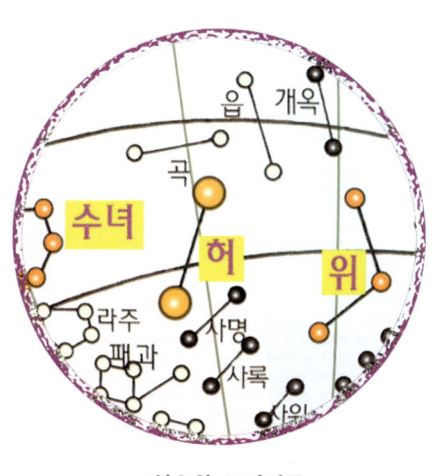

■ 허수와 주변별들

은 제사 지내는 일을 주관해. 그릇은 비워져야 물건을 담을 수 있지? 또 방을 예로 들자면 너희들 방이 물건으로 꽉 찼다면 어떨까? 잠도 못 잘거야. 그러니까 비어야 그 공간의 쓰임새가 생기지. 묘당과 제사의 일도 마찬가지야. 돌아가셔서 지금은 빈자리가 되었지만 날 낳아주신 선조가 있었기에 지금의 내가 존재하는 거지. 그래서 비어있는 조용한 묘당을 조성하고 그곳에서 나를 낳아주신 조상님을 생각하고 경배 드리는 거야. 선조의 빈 곳을 내 마음으로 채우는 거지.

허수는 바람과 구름, 죽음에 관한 일을 주관하기도 해. 밝고 고요하면 세상이 평안하고, 움직이면 죽는 사람이 많아진대. 바로 이런 이유로 허수를 그윽하게 숨어서 일을 하는 별, 즉 유겁성幽劫星이라 부르고, 두 개의 별이 거북과 뱀의 한가운데를 이루면서 가장 조용한 그러나 할일 다하는 별이 되는 거지.

허수의 부하별자리와 다스리는 영토

허수는 28수의 평균영역보다 작은 10°를 맡아 다스리는 별자리야. 북방현무칠수 중에 가장 중심에 있는 별자리로, 계절로 치면 한겨울을 뜻해. 한겨울에 무엇을 하겠어? 1년 동안 한 일에 대해서 잘잘못에 따라 상 주고 벌 주고, 또 죽은 사람들 장례 치러주고, 나라를 잘 지키는 일을 하는 거야.

잘못된 것을 바르게 고치도록 인도하는 **경찰관**(**사비**司非)과 **교도관**(**사위**司危), 벼슬과 녹봉을 주고 수명을 늘려주는 **인사담당**(**사록**司祿), 잘못된 행실을 들추어서 벌을 주는 **검찰**(**사명**司命) 등이 위에 있으면서 상 주고 벌 주는 일을 하지.

허수 밑으로는 초상 났을 때 곡을 하는 등 상례를 주관하는 **통곡**(**곡**哭)과 **초상집 울음**(**읍**泣)이 있어서 장례를 치르는 일을 해. 물론

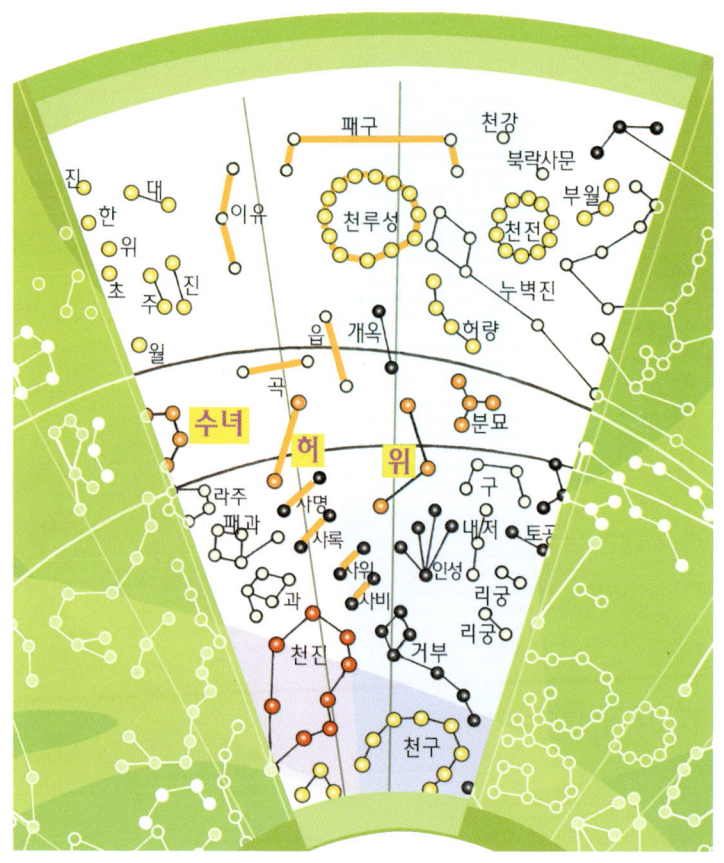

외적의 침입에 대비해서, 북쪽 흉노족의 동태를 살피는 **큰 요새 망대**(**천루성**天壘城)를 두고, 항상 조심하라는 뜻으로 재물을 잃고 재앙 받는 일을 주관하는 **부서진 절구**(**패구**敗臼)와 여자들이 행사 때 입는 옷을 관리하는 **예복**(**이유**離瑜)을 그 밑에 두었지. **부서진 절구**와 **예복**은 잘 안 맞는다고? 아니야? 여기서의 **예복**은 검소하게 입으라는 뜻이야. 왜 8·15 광복절 행사 때 육영수 여사가 마지막으로 입은 옷이 화제가 되었잖아? 문세광의 총에 맞아 병원에 실려 왔는데, 영부인의 한복 속 속치마에 여기저기 손으로 꿰맨 자국이 있었대. 대통령의 부인이 돈이 없어서 옷을 꿰매 입었겠어? 아무리 행사 때 입는 옷이지만, 겉옷도 아니니까 새 옷 살 돈을 절약한 거지. 그래서 **부서진 절구**는 밝고 또렷해야 좋고, **예복**은 잘 보이지 않아야 검소한 생활을 한다고 해.

12황도궁 중에서는 보병궁에 속하고, 경상북도의 가운데에 해당해. 허수가 제 모습을 잘 지키면서 움직이지 않으면 이 지역이 그만큼 잘살게 되는 것이고, 빛이 흐려지거나 움직이면 해당 지역이 좋지 않게 된다고 하지.

▎허수에 해당하는 지역 : 영천, 의성, 군위, 포항.

■ 신사임당이 그린 「수박과 들쥐」라는 그림인데, 나비들이 날아와 한가한 오후 여름 같은 분위기지? 들쥐도 수박이 달다는 걸 알았나봐. 열심히 갉아먹고 또 엄청 번식을 하겠지? "쟤 보래요! 수박 갉아먹어요!" "흥! 나비야! 아무리 일러봐라. 주인 아저씨가 네 말을 알아듣기나 한대?"

쥐

쥐는 인류가 태어나기 훨씬 전부터 종족을 유지해온 지구촌의 대선배이자, 포유류의 3분의 1을 차지할 정도로 지분도 많이 가지고 있어. 정말이냐고? 정말이지, 정말이고말고! 쥐는 태어난 지 한 달 만에 새끼를 낳을 수 있는 종류도 있고, 한 번에 약 스무 마리까지도 낳지. 더구나 1년에 일곱 번이나 낳을 정도로 번식력이 뛰어나니, 쥐의 번식력과 적응력을 보면 믿지 않을 수 없을 거야. 참, 그것보다도 우리 조상님들의 이야기를 들으면 실감이 나겠구나.

● ● ● ● ○ 쥐의 이름 - 추서 노서 수서 가록

쥐는 주둥이가 뾰족해서 구멍을 잘 파. 사람 사는 집의 담벼락을 뚫고 살거나 흙으로 된 구멍 속에 살지. 그래서 송곳이라는 뜻으로 추서鼀鼠라고도 불러. 실은 추서라고 할 때는 '늙은 쥐 추'를 쓰는데, 이 '추' 자가 '송곳 추錐'와 발음이 같기 때문에 그렇게 부르는 거야.

또 오래 산다고 하여 '늙을 로'를 써서 노서老鼠라 하고, 의심이 많아서 구멍에 머리만 내놓고 한참을 살핀다 하여 '머리 수'를 써서 수서首鼠라고도 해. 그래서 이쪽으로 붙을까 저쪽으로 붙을까 망설이는 사람을 보고 '수서양단首鼠兩端한다'고 해. '수서양단'은 쥐가 구멍에 머리를 내밀고 밖으로 나갈까 아니면 다시 들어갈까 망설인다는 뜻이야.

쥐가 번식력이 좋고 고단백질을 제공하기 때문에 식용으로 기르는 사람들도 있어. 그 사람들은 쥐라는 말 대신에 '집 안에서 키우는 사슴' 즉 가록家鹿이라고 부른단다.

쥐에게 창고를 맡기다

옛날옛날에 하느님께서 세상을 창조하여 생명들을 살게 하시고, 사람을 만들어 그 대표자로 살게 하셨대. 그런데 사람들이 물과 불을 얻지 못해서 고생했지. 그래서 하느님이 당신의 아들을 보내 해결하게 하셨는데, 지상에 내려온 하느님의 아들이 아무리 생각해도 물과 불을 찾을 수가 없었어.

그래서 쥐를 잡아다가 심문했어. "네가 이 세상에서 오래 산 동물 중에 가장 똑똑하다니, 물과 불이 어디에 있는지 알 것이다. 물과 불이 있는 곳을 말해라." 쥐가 대답했어. "만약 그것을 가르쳐주면 저에게 무엇을 해주시겠습니까?" 자기를 상대로 협상을 하려

▪ 매일 쌀을 훔쳐 먹어서 미안해. 하지만 옛날에 불과 물을 가르쳐 주었으니 이 정도는 괜찮겠지!

▪ 그래도 좀 미안해서 이렇게 두 손을 모아 비니까 나를 너무 미워하지 말아줘.

하다니, 성가시기도 하고 다급해지기도 한 하느님의 아들이 "그래, 네 소원대로 세상의 창고는 모두 너에게 맡기마." 하고 쥐가 해달라는 대로 약속을 해 버렸대.

자기 뜻대로 된 쥐가 신나서 말했어. "하느님이 세상을 만드실 때 불이 돌 속으로 숨었으니, 돌끼리 부딪치면 불이 나올 것입니다. 또 물은 땅속으로 숨었으니, 땅을 파면 물이 나올 것입니다."

이 협상 덕에 쥐는 사람들의 창고를 마음대로 뒤져 먹게 되었다고 해. 결국 사람들에게 불과 물을 찾아준 하느님의 아들은 하늘나라로 금의환향했지만, 사람들은 쥐에게 시달리게 된 거지.

인류에게 물과 불의 혜택을 주고, 그 대가로 사람이 저장해 둔 곡식을 먹게 되었다는 이야기인데, 우리 입장에서는 한 번 가르쳐 준 것으로 몇 천 년이 지나도록 로열티를 받아먹는 쥐가 미울 수밖에. 쥐도 조금 미안하기는 했는지, 해가 떠서 사람하고 얼굴을 부딪칠 염려가 있을 때는 숨었다가 해가 지면 활동하고, 혹 사람을 만나면 고맙다고 앞발을 모아 인사를 해. 정말이냐고? 정말이고말고. 그렇지만 사람이 박하게 해서 궁하게 되면 물기도 하지.

사람으로 변신한 쥐

쥐가 본래도 영리했지만 사람하고 같이 살다보면 영물이 되기도 해. 믿기 힘들겠지만 늙은 쥐가 사람으로 변해서 진짜 사람을 쫓아내고 살았다는 이야기도 전해져.

한 젊은이가 절에서 3년을 공부하고 집에 돌아왔더니, 자기와 똑같이 생긴 사람이 집 안에서 나오는 거야. 놀란 젊은이가 "어! 이게 무슨 일이지? 넌 누구냐?" 그랬더니, 집 안에서 나온 젊은이가 "난 이 집 아들이다. 그러는 넌 누구냐?" 하고 오히려 되묻더래. 기가 막힌 진짜 아들이 "난 절에서 3년 공부를 마치고 지금 돌아오는 길인데, 어디서 굴러먹던 녀석이 내 흉내를 내는 거냐? 썩 물러가라!" 하니, 집에서 나온 젊은이가 "흥, 나야말로 3년 공부를 하고 이레 전에 돌아왔다. 네 녀석이야말로 썩 꺼져라!" 하는 거야. 결국 다툼이 벌어졌지.

집안사람들이 다 나와 그 광경을 보고 기가 막혀 어쩔 줄을 몰랐는데, 어머니도, 아버지도, 심지어는 마누라도 구분을 못하고 바라만 보고 있었어. 둘이 정말 똑같이 생겼거든. 이것저것 여러 가지 실험을 해보고, 팔뚝의 검은 사마귀까지 대조해 보다가, 결국 진짜 아들이 쫓겨나고 말았지. 쥐보다 못한 사람이 되어버린 거야.

졸지에 갈 곳이 없어진 아들이 다시 절에 가서 스님을 보고 울고불며 자초지종을 이야기했어. 스님이 물었어. "자네 혹시 손톱이나 발톱을 깎아서 아무 데나 버린 일이 없나?" 이 말에 젊은이가 앞개

허일서 79

울에서 목욕하며 손톱발톱을 깎아서 물에 떠내려 버리곤 하던 일을 기억해냈어. 스님이 말씀하시기를, "쥐가 오래되면 사람의 손톱발톱을 먹고 그 사람의 모습으로 변신할 수 있다네. 아마도 개울 아래쪽의 늙은 들쥐가 자네로 변신했나보군."

그렇게 말하곤 스님이 부엌에서 기르던 고양이를 데려와 젊은이에게 밥을 먹이며 기르라고 하였어. 1년이 넘으면 고양이가 젊은이를 위해 목숨을 바칠 거라면서 말이지. 왜 1년이나 길러야 하냐고? 글쎄! 고양이가 사람을 위해 죽을 때 명분이 있어야 된다는 말이 아닐까? 아무런 은혜도 인연도 없는데 사람을 위해 무조건 죽을 수는 없잖아. 왜, 사람을 부리려면 먼저 은혜를 베풀라고 했듯이, 상대를 위해 주고 상대를 알아주는 사람이 되라는 뜻이겠지. 적어도 1년은 베풀어야, 고양이가 정도 들고 은혜도 안다는 뜻일 거야.

어쨌든 1년 뒤 그 젊은이가 고양이를 집에 데려다가 가짜 아들 앞에 풀어놓으니, 고양이가 가짜 아들의 목덜미를 물어서 죽였어. 가짜 아들이 커다란 들쥐로 변한 것은 말할 것도 없고. 물론 진짜 아들이 다시 부모님 모시고 잘살았다는 이야기야.

비록 깎아 버리는 손톱발톱이라도 좋은 데 버려야지, 더러운 곳이나 누구의 먹이로 주어서는 안 된다는 이야기야. 고양이도 1년을 먹여서 기르면 내가 원하는 대로 움직여주는데, 내 몸에 1년 이상 한몸으로 있던 세포들은 비록 깎여 떨어져 나갔더라도 내 몸과 같은 기운을 띠고 있다는 뜻이지. 쥐가 영물이란 걸 우리 조상들은 진작 알았던 거야. 체세포로 동물을 복제하는 연구가 활발한데 우리 조상들도 이렇게 응용될 줄 아셨던가봐.

사람의 혼은 새앙쥐

어느 비 오는 날에 바느질하는 아내 옆에서 남편이 낮잠을 자고 있었는데, 남편의 콧구멍 속에서 흰 새앙쥐 한 마리가 나오더래. 그 쥐가 밖으로 나가더니, 낙숫물이 괸 곳을 지나 어디론가 사라져 버렸다가 한참 만에 다시 돌아와 남편 콧구멍 속으로 들어갔어.

  그런데 잠에서 깬 남편이, 꿈속에서 빗속을 뚫고 가다가 큰 비를 만나 건너지 못하였는데, 어느 부인이 다리를 놓아주어서 건너갈

▍나갈까 들어갈까? 맞춰봐.

수 있었다며 꿈이야기를 하는 거야. 아내가 깜짝 놀란 것은 두말할 것도 없었어. 사실은 쥐가 낙숫물이 괸 곳을 못 지나가는 것을 자기가 자막대기로 다리를 놓아주어 건너가게 한 것이거든.

앞의 두 이야기처럼 사람과 쥐는 형태가 비슷하거나 영혼까지도 같을 수 있다는 거야. 사람과 쥐가 형체적으로나 정신적으로 아주 밀접한 관계가 있는 거지. 그래서 참으로 가까이 할 수도 없고 멀리 할 수도 없는 동물이라는 생각이 들어.

쥐와 허수

쥐는 생활력이 강해. 번식력도 단연 최고라서 대가 끊어질 염려가 없지. 똑똑하고 임기응변에 강하고, 하느님의 아들 앞에서도 당당히 협상을 하자고 할 정도로 배포도 있어. 또 위험이 많은 곳에 이익도 많다는 것을 알아서 사람 옆에 붙어살지.

그런 면이 다른 동물들이 수없이 멸종되어 없어졌어도 꿋꿋하게 종족을 유지하며 살아가는 비결이 되겠지. 북방의 중심이고 28수의 중심 역할도 크지. 그런데도 쥐가 한 번도 임금이 되지 못한 것은 스스로 개척하고 앞장서서 일하지 않는 성격 때문일 거야. 밤에 몰래 움직이기를 좋아하는 것, 남이 열심히 노력한 것을 중간에 빼앗는 것, 이런 것들이 다른 동물이 쥐를 대장으로 인정받기 힘든 까닭이 되는 거지. 독립해서 성실하게 사는 모습을 보여준다면 금

상첨화일 거야. 바로 이런 점들이 보이지 않는 곳에서 사당을 관리하며 제사를 주관하고, 초상이 났을 때 상례를 주관하는 허수의 수호신장으로 적합한 것이지.

반짝반짝 정보마당

사자성어 & 속담

- 서절구투(鼠竊狗偸) - 쥐나 개처럼 몰래 물건을 훔친다는 뜻. 좀도둑을 욕으로 이르는 말.
- 궁서설묘(窮鼠囓猫) - 궁지에 몰린 쥐가 고양이를 문다는 뜻. 궁지에 몰리면 약자도 강자에게 반항할 수 있음.
- 쥐 뜯어먹은 것 같다 - 들쑥날쑥해서 보기 흉한 경우를 비유한 말.
- 쥐구멍에도 볕 들 날 있다 - 지금은 비록 고생하고 있지만 언젠가는 좋은 운수를 만날 날이 있다는 의미.
- 고양이 앞에 쥐 - 자기보다 강한 상대 앞에서 꼼짝 못한다는 말.
- 쥐 잡으려다가 쌀독 깬다 - 적은 이익이라도 얻으려다가, 큰 손해를 입게 되었음을 비유한 말.
- Rats desert a sinking ship.(쥐새끼는 침몰하는 배를 떠난다) - 비겁한 사람은 위험할 경우에는 달아난다.

교과관련

- 초등학교 3학년 2학기 쓰기 〈손톱을 먹은 들쥐〉
  : 교과서 작품 외에 쥐에 대한 다양한 설화들을 알 수 있습니다.

참고도서 & 사이트

- **배 터지게 먹는 쥐 쫄쫄 굶는 쥐** 디나 제크하우젠 글 | 신민섭 옮김 | 루크북스
  배 터지도록 먹어대는 쥐와 먹기를 거부하는 쥐가 등장합니다. 이 책은 두 마리의 쥐를 통해서 괴로움을 이기는 방법은 자기 마음속에 있다는 것을 이야기하고, 아이들이 스스로 그 방법을 찾아낼 수 있도록 도와줍니다.
- **궁궐 기행** 송용진 글 | 지식프레임
  우리 궁궐에 대한 기본 상식부터 각 영역별 궁궐의 기능과 역사를 상세하게 담고 있으며, 사영신과 십이지신상 등을 볼 수 있습니다.

⑤ 危 月 燕
위태할 위 · 달 월 · 제비 연

상징	거북/뱀의 몸통
크기	2m
운행 방위	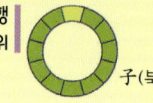 子(북)

영토	17°
보이는 때	8/24~9/24
해당지역	경상북도 북부
부하별수	10(54)
힘의세기	★★★

의미 제사를 주관, 하늘의 곳간, 죽음에 관한 일. 별이 움직이면 죽는 사람이 많아지고 전쟁이나 천재지변 등으로 시끄럽다.

84 세종대왕이 만난 우리별자리 ②

위월연

위월연은 북방현무칠수의 하나인 위수의 수호신장이야. 여기서 '위'는 위수를 가리키는 것이고, '월'은 칠정 중에 달의 정기를 받았다는 말이고, '연'은 제비라는 동물로 대표된다는 뜻이지.

위월연은 제비의 머리에 사람의 몸을 하였는데, 키가 2m로 북방칠수의 수호신장 중에는 제법 큰 편이고, 얼굴은 화사한 청색이야. 평소에는 누런색 전투복을 입고 황금띠를 두르며, 청색 나는 황금띠로 머리를 감싸고, 윤이 나는 검은색 가죽신을 신고, 길고 푸른색의 끝이 뾰족한 칼을 차고 있는 제법 늘씬한 모습이지.

위수

위수는 세 개의 별로 이루어졌는데, 꼭 곳간의 지붕 같은 모습이지? 위수는 시장에 지은 집, 그러니까 물건을 파는 상가라고 생각하면 돼. 시장의 물건을 잘 간직하는 일을 맡고 있어. 시장의 곳간이니 진귀하고

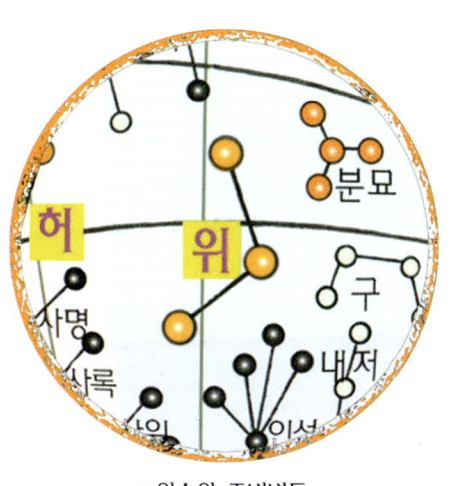

▮ 위수와 주변별들

위월연

좋은 물건들이 많겠다. 그치? 그 중에 좋은 물건으로 제사를 지내니, 제사의 일도 주관한대. 묘당을 관리하는 허수의 옆자리를 차지하는 이유이기도 하지.

그리고 위수는 바람과 비를 관장해. 물론 북방의 세 별이 모두 바람과 비를 관장하지. 북방부터 모든 게 시작하기 때문이야. 그래서 제비가 날씨를 알려주나봐. 어떻게 알려주냐고? 이 이야기는 뒤에 자세히 들려줄게.

위수는 몰래 움직이는 별이라고 해서 천음성天淫星이라고도 부르고, 세 개의 별이 삼각형을 그리며 거북의 목 바로 밑의 등껍질과 뱀의 상체부분을 이루고 있어.

위수의 부하별자리와 다스리는 영토

위수는 28수 중에서 17°의 넓은 영역을 맡아 다스리는 별자리야. 자방의 세 별자리 중에서 제일 넓은 영역이지. 역시 겨울철에 해당하는 별자리라서 조상을 모시고, 재물을 잘 간직하는 역할을 맡았어.

관용차를 모는 운전기사인 **조보**(造父)가 임금님을 모시고 순찰을 하는 것이고, 관용차와 의장을 관리하는 **자동차정비소**(**천구**天鉤), 사신의 숙소나 관용차의 차고를 관리하는 **차고**(**거부**車府)가 제일 위에 자리하고 있지.

사람들의 정서를 순화시켜 인간성을 좋게 만드는 **사람**(**인성**人
星), 절구질을 해서 식량을 만들고 군인들이 먹을 식량을 관리하는
절구공이(**내저**內杵)와 **절구**(**구**臼)는 겨울을 나는데 필수적인 거야.

장례 치르는 일을 주관하는 **산소**(**분묘**墳墓), 왕릉과 종묘를 관리
하는 **왕릉**(**허량**虛梁)은 조상을 잘 모시라는 것으로 북방현무칠수의

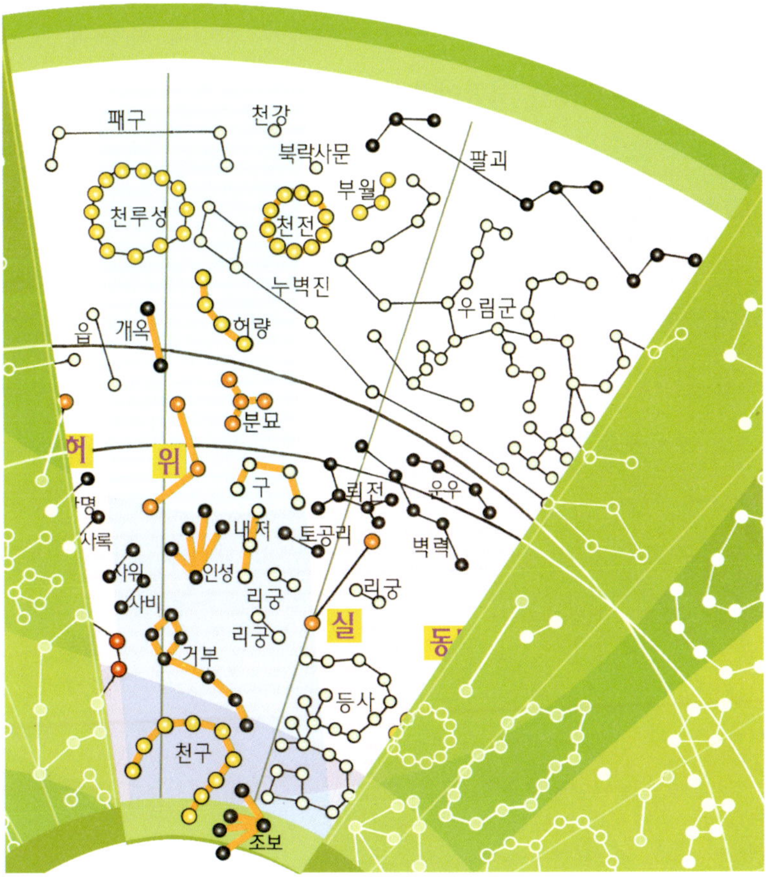

위월연

단골 품목이야. 그 옆에 있는 **이동식 천막(개옥**蓋屋**)**은 임금님이 임시 거처하는 숙소를 관리하는 별자리야. 임금이 순찰하다가 임시로 쉬거나, 왕릉에 왔다가 잠시 머무르는 곳이지. 또 재물을 저장하는 **재물창고(천전**天錢**)**도 겨울철에는 반드시 있어야 할 창고지.

위수가 '위태할 위, 급할 위' 자를 쓰는 데서도 나타나듯이, 한 곳에 고정되고 안정되어 있지 못하고 이리저리 이동한다는 뜻이 많아. 참, 이 중에서 **조보**는 사람 이름이야. 주나라 목왕 때 말을 잘 몰기로 유명했던 사람이지.

12황도궁으로는 보병궁에 해당하고, 경상북도 북부지방에 해당하지. 그러니까 위수가 움직이지 않고 제 자리를 잘 지키면 이 지방이 그만큼 잘살게 되는 것이고, 움직이거나 제대로 모습을 안 갖추고 있으면 해당지역이 좋지 않게 된다고 하지. 경상도 지역이 유난히 예절을 따지는 것도, 경상도와 관련이 많은 북방의 별들이 하나같이 사당이나 상례喪禮와 관련이 있기 때문일지도 몰라. 사람의 예절 중에 가장 가짓수가 많고 복잡하고 또 꼭 지켜야 하는 것이 제사예절과 상례이거든.

■ 위수에 해당하는 지역 : 상주, 점촌, 예천, 풍기, 영주, 안동, 청송, 문경.

제비

제비는 어른 손바닥만 한 작은 새야. 등은 검은색으로 보이지만 실은 어두운 청색이고, 이마와 입아래는 밤색을 띤 붉은색이며 배는 흰색이지. 얼핏 보면 검은색으로 보이기 때문에 '검을 현玄'을 넣어 현조玄鳥라고도 불러.

다정한 부부를 '연려燕侶'라고 하는데, 제비가 부부 금슬이 좋기 때문에 붙은 이름이야. 4월부터 7월 사이에 처마 밑에 둥지를 만들고 대여섯 개의 알을 낳아. 알은 보름 정도면 부화하여 20여 일을 기르지. 그런 뒤에 새끼가 날만 하면 둥지를 먹이가 풍부한 배밭이나 갈대밭으로 옮겨 가서 살아. 거기서 곤충을 잡아먹으며 새끼를 기르지.

산뜻하고 깨끗한 것을 좋아하며, 신의가 있다고 알려졌고, 또 사람에게 해로운 해충을 먹기 때문에 사람들이 제비를 해치지는 않지만, 새끼가 크면 둥지가 좁기도 하고, 또 먹이를 물어오기도 불편하기 때문에 이사를 가는 거야.

한편으론 사람이 해치지 않는다고 하지만 새끼가 크면서 시끄럽게 울어대면 사람의 마음이 어떻게 변할지도 모르고, 또 한편으론

위월연

사람의 처마 밑이 안전하다고는 하지만 구렁이 같은 천적이 사는 곳이기도 하거든.

　제비는 음력 9월 9일 중양절(양이 두 번 겹쳐 양이 성한 날)에 강남에 갔다가 3월 3일 삼짇날에 돌아온대. 이처럼 수가 겹치는 날에 갔다가 돌아오는 새라고 해서, 감각과 신경이 예민하고 총명한 영물로 인식하고 길조로 여겨왔어. 그러니까 집에 제비가 들어와 보금자리를 트는 것을 좋은 일이 생길 조짐으로 믿었대.

연작처당

제비가 부부 금슬이 좋고 신의가 있으며 똑똑하기도 하지만, 때로는 너무 믿어서 미련하다는 뜻으로 쓰이는 말이 있어. 바로 '연작처당'이라는 말이지. 연작처당은 '제비 연燕, 참새 작雀, 머물러 살 처處, 집 당堂'으로 제비가 사람 집에 둥지를 틀고 너무 안심하고 있어서, 금방 미칠 재난도 아랑곳하지 않고 가만히 있다는 말이야.

　'참새 작'도 있는데 왜 제비만 말하냐고? 전에 사영신 중에 남방 주작을 말할 때 얘기했잖아. '참새 작' 자는 대개는 참새를 뜻하지만, 새 이름 뒤에 쓰면 그냥 '새'라는 뜻이 돼. 그러니까 '연작'은 '제비 새' 즉 '제비'가 되는 거야.

　옛날 중국의 전국시대 때, 진나라가 조나라를 공격했어. 그랬더니 위나라 왕이 신하들에게 조나라를 구원해줄 것인가 말 것인가

에 대해 그 실익을 물었어. 신하들은 모두 진나라가 조나라를 치는 것이 위나라에는 이익이라고 하였지.

　당시 진나라는 막강한 강대국이었어. 그래서 주변의 다른 나라들을 침략하면서 영토를 늘리고 있었지. 신하들은 진나라가 두렵기도 하고, 또 진나라 간첩으로부터 뇌물을 받은 것도 있어서 진나라에게 유리하도록 말한 거야.

　그런데 공빈이라는 신하만은 이렇게 말했어. "그렇지 않습니다. 진나라는 욕심이 많고 사나운 나라입니다. 조나라를 이기면 또 다른 곳을 원할 것이니, 결국 우리나라도 침입을 받을 것입니다. 옛 사람이 말하기를, 제비가 처마 밑의 둥지에서 새끼를 키웠는데, 어미가 새끼에게 먹이를 줄 때 서로 구구거리면서 즐거워했다고 합니다. 그러다가 부엌 구들의 불꽃이 너무 거세져서 지붕에 불이 붙어 집이 다 타게 되었다고 합니다. 그런데도 제비가 태연히 있으면서 그 불길이 자기에게 올 것을 몰랐다고 하였습니다. 지금 대신들이 조나라가 망하면 그 불길이 장차 우리나라에 미칠 것을 깨닫지

■ 우리 가족이 이렇게 화목하니까! 따뜻한 열기가 느껴지잖아! 자, 맛있게 먹어라. 내 새끼들아!

못하니, 사람이 제비와 무엇이 다르겠습니까?"

위나라 신하들이 제비같이 당장의 즐거움과 평화에 안주해서, 곧 닥칠 화를 모른 체 했다는 거야.

제비같이 작은 새가 어찌 홍곡 같은 큰 새의 뜻을 알겠는가

진나라 말기에 스스로 독립하여 왕이 된 진승은 젊었을 땐 머슴살이를 하였지. 고된 머슴 생활을 하면서도 진승은 언젠가는 성공하리라 믿고 있었어. 그래서 종종 다른 머슴들에게 이렇게 말했어. "만약 잘 살게 되면 서로를 잊지 말고 도웁시다." 그러자 다른 머슴들이 "남의 집 머슴으로 있는 인간이 무슨 부귀를 누리겠는가?" 하며 비웃었지. 이에 진승이 "아! 제비가 어찌 홍곡鴻鵠의 뜻을 알겠는가?" 하고 탄식했어.

홍곡은 한 번에 1천 리를 날고 1천 년을 산다는 전설의 큰 새야. 상당히 빠른데다 멀리 날기 때문에 화살로 맞추기가 어려워. 그래서 화살과녁을 '곡'이라고 해. 그러니 제비같이 작은 새가 어찌 그렇게 크고 힘세서

큰 기러기 홍 鴻
고니 곡 鵠
많을 화 夥
건널 섭 涉
될 위 爲
왕 왕 王

하늘 끝닿은 데까지 날아가는 새의 마음을 알겠냐고 한 것이야. 아마 이때도 제비는 먼 앞날을 내다보지 못하는 새로 알려졌나봐.

나중에 그는 진나라가 어지러운 틈을 타서 반란을 일으켜 왕이 되었어. 초나라 방언에 하루아침에 천하를 다스리는 왕이 된 것을 '화섭위왕夥涉爲王'이라고 하는데, 진승(진섭)이 머슴에서 출발해서 왕이 된 것을 말하는 거야.

물을 좋아하는 제비

제비는 물을 좋아해서, 제비둥지 밑에는 수맥이 흐른대. 그래서 제비집 밑에 사는 사람은 신경통이 생기고 피부병도 생기게 되지. 수맥의 기운이 사람을 괴롭히는 거야. 사람만 괴로운 것이 아니고, 제비집 밑에 시멘트를 발라 놓으면 시멘트 바닥에도 금이 가게 돼. 이것 역시 수맥의 기운이 시멘트에 영향을 미치기 때문이야.

물의 흐름을 수맥이라고 해. 그러니까 제비집 밑에 지하수가 흐른다는 뜻이지. 수맥의 기운이 얼마나 세냐 하면, 산에 가보면 커다란 바위가 칼로 잘라놓은 듯이 두 쪽이 나있는 것이 있잖아? 그렇게 큰 바위를 두 쪽으로 낼 만큼 힘이 세. 물론 지하수가 직접 올라와서 바위를 쪼개는 것이 아니고, 그 기운만 올라온 것인데도 그렇게 강력해.

제비는 괜찮냐고? 제비는 괜찮아. 자기가 좋아서 일부러 지하수가 흐르는 곳 위에 둥지를 튼 거거든. 오히려 수맥의 기운을 받아 건강하게 살지. 그래서 어떤 게 좋다 나쁘다 일률적으로 판단할 수 없다고 하는 거야. 사람한테는 해로운 수맥이 제비에게는 도움이 되거든.

■ 시멘트에 금이 간대도 문제가 되지 않아. 우린 보호막이 있거든.

날씨를 가르쳐주는 제비

이와는 반대로 제비가 지혜롭다는 이야기도 있지. 옛날부터 제비가 높이 날면 날씨가 맑고, 낮게 날면 비가 온다고 했어. 그래서 제비 나는 것을 보고 날씨를 점쳤다는 거지. 사실은 맑은 날에는 곤충들이 높이 날기 때문에 그것을 잡아먹으려고 제비도 높이 날고, 날씨가 흐려서 습도가 높아지면 곤충들이 낮게 날기 때문에 제비도 낮게 날아야 곤충들을 잡아먹을 수 있는 거지.

제비와 위수

제비는 흥부에게 박씨를 물어줘 부자가 되게 하는 등 은혜를 갚을 줄 알고, 부부가 화합하여 부부 사이에 신의가 있고, 새끼를 잘 기르는 새이며, 또 멀리 떨어진 제 고향으로 돌아가니 근본을 찾아가는 새이고, 수맥도 알고 날씨도 아는 지혜로운 새이기는 하나, 크기가 작아 먼 장래를 내다볼 줄 모르는 새로 인식되어 온 거지.

　바로 이런 점이 시장의 물건을 잘 보관하는 창고이자, 조상의 사당을 지키고, 초상 났을 때 상례를 주관하는 위수의 수호신장이 되게 한 거야.

　북방 중의 북방인 자방을 맡은 박쥐, 쥐, 제비는 모두 검은색인 것이 특징이야. 이들은 모두 은밀한 일을 주관해. 이를 테면 사당을 지키고 초상을 치르는 일 등이 그것이지.

■ 제비를 형상화한 우리나라 우체국 마크야. 빠르고 정확하게 소식을 전달하는 제비의 특성을 잘 말해주고 있어.

반짝반짝 정보마당

사자성어 & 속담

■ 연안대비(燕雁代飛) - 제비와 기러기가 서로 교대(交代)하여 날아감. 즉 제비가 날아올 때는 기러기가 떠나고 기러기가 올 때에는 제비가 날아가듯이 서로 만날 인연이 없음을 말함. 유사한 사자성어 연홍지탄(燕鴻之歎).

■ 곡식에 제비 같다 - 제비는 곡식을 안 먹는다. 청렴한 사람을 비유한 말.

■ 제비는 작아도 강남을 간다 - 모양은 비록 작아도 제 할 일은 한다는 뜻.

■ 제비도 은혜를 갚는다 - 작은 동물인 제비도 은혜를 아는데 사람이 은혜를 몰라서야 되겠냐는 뜻.

■ 제비를 잡으니까 꽁지를 달라 한다 - 남이 힘들게 얻은 것 중에서 소중한 것을 염치없이 달라는 것.

■ 제비 한 마리가 봄을 가져오는 것은 아니다 - 좋은 징조가 보인다고 해서 금방 좋아하지 말고 신중하게 처신하라는 교훈을 담은 속담.

■ 제비가 새끼를 많이 낳는 해는 풍년 든다 - 새들은 날씨를 미리 알기 때문에 새끼를 많이 치면 풍년이 든다고 전해 오는 속담.

교과관련

■ 초등학교 1학년 2학기 읽기 〈흥부와 놀부〉
: 교과서에서는 알 수 없는 제비의 특징과 그 밖의 이야기를 이 책을 통해 읽어 보세요.

참고도서 & 사이트

■ **나야 제비야** 이상대 글 | 봄나무
영리한 제비는 사람 사는 집 처마 밑에 진흙과 마른풀을 이용해 그릇 모양의 둥지를 만들어 새끼를 기릅니다. 집을 짓는 모습을 비롯해 알을 낳는 모습, 갓 태어난 새끼의 모습 등 다양한 제비의 모습을 세밀하게 담은 책입니다.

해방의 두 동물
실화저 벽수유

동방	진	각 항
	묘	저 방 심
	인	미 기
북방	축	두 우
	자	여 허 위
	해	실 벽
서방	술	규 루
	유	위 묘 필
	신	자 삼
남방	미	정 귀
	오	류 성 장
	사	익 진

해방에는 실수와 벽수가 있는데, 실수에는 돼지를 배당하고 벽수에는 수달을 배당했지. 두 동물은 먹을 것 앞에서는 용감하고, 새끼를 많이 난다는 특성이 있어.

하루 중 해시(밤 9시~11시)는 한밤중은 아니더라도 잠을 청하거나 잠이 막 들 때야. 또 1년 중 해월(양력 11월)은 추수한 것을 더욱 꼭꼭 여미며 감추는 때이지. 이때 잘 저장해놓지 않으면 겨울을 나기 힘들거든. 잘 여민 창고를 한 번 더 여미고, 겨울잠 자는 동물은 출입구를 더욱 여미고 더 이상 밖으로 다니지 않게 되지.

이때는 모두가 꼭꼭 잘 숨겨두고 잘 숨고, 그러니 먹을 것이 눈에 띨 리가 없어. 어떻게 하겠어? 살기 위해서 눈에 보이는 것은 닥치는 대로 먹어야지. 돼지는 좀 더럽고 지저분한 곳에 살면서 먹을 거라면 깨끗한 것 더러운 것 가리지 않고 막 먹어. 돼지가 비록 열두 동물의 달리기 시합에서는 꼴찌를 했지만, 먹을 것을 보고 주둥이를 박고 먹는 속도에는 아무도 당할 자가 없지.

돼지에 비해 수달은 깔끔하기는 하지만, 이때가 되면 저도 어쩌겠어. 더구나 한두 달 더 있으면 번식을 해야 하는데 부지런히 먹어서 지방을 축적해 두어야지. 이 두 동물이 먹성이 좋고 지능이 뛰어나므로, 먹을 것 없고 추워진 해월을 사는 지혜를 배우라고 배당한 거야. 많이는 먹어야겠고, 먹을 것은 없고, 추위는 심해졌고, 번식해서 대는 이어야겠고, 그러니 더럽고 깨끗한 것을 가리지 말고 먹으라는 뜻이지. 그렇다고 이 두 동물이 더럽다는 뜻은 아니야. 먹을 때는 더럽게 먹을망정 평소에는 깨끗한 것을 추구하거든.

돼지해에 태어난 사람들은 수달이나 돼지의 성격이 강하다고 보면 돼. 특히 1~6월 사이에 난 사람은 돼지의 성격이, 7~12월에 난 사람은 수달의 성격이 많아.

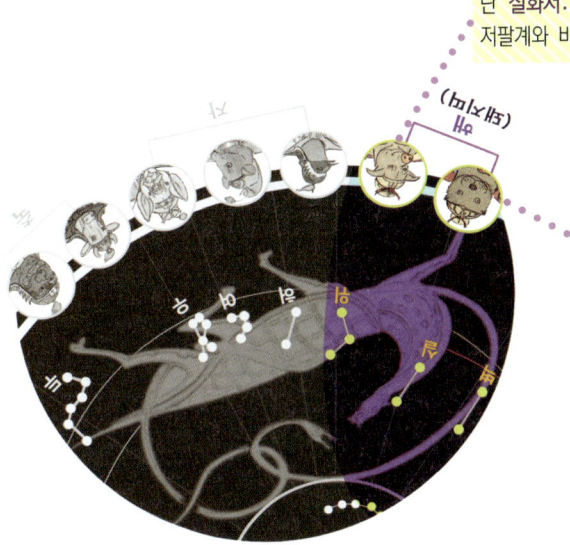

난 실화저. 내 성격은 저팔계와 비슷하지.

난 **벽수유**. 정월달에 물고기를 늘어놓고 조상에 제사 지내는 것을 빼놓지 않는 수달이란다.

❻ 室 火 猪
집 실 불 화 돼지 저

상징	거북/뱀의 머리
크기	1m 50cm
운행 방위	亥(북북서)

영토	16°
보이는 때	9/10~10/11
해당지역	강원도 동부
부하별수	10(107)
힘의 세기	★★★★★

의미 ▎종묘, 궁실, 군량미 보관, 곳간, 토목공사. 밝으면 평안하고, 어둡거나 작아지면 전염병, 전쟁, 부역 등으로 살기가 어렵다.

실화저

실화저는 북방현무칠수 중에 실수를 수호하는 신장이야. 현무의 머리에 해당하는 별이지. 여기서 '실'은 북방현무칠수 중에 실수라는 뜻이고, '화'는 칠정 중에 화성의 정기를 받았다는 것이고, '저'는 돼지라는 뜻이지.

　실화저는 돼지의 머리에 사람의 몸을 하였는데, 키가 1m 50cm로 의외로 작은 편이고, 얼굴은 짙은 검은색이야. 윤이 나는 검은색 전포를 입었고, 녹색의 띠를 두른 홍색의 포대처럼 된 두건을 쓰고는, 쇠방망이를 무기로 사용하고 있지.

실수

실수의 실은 '집 실宔'자야. 추수가 끝나서 농사일이 한가해 질 때 평한 터에다가 집을 짓는 거지. 그래서 이 별은 토목공사를 담당해. 토목공사를 하려면 부릴 군사들과 군량도 필요하겠지. 군사들이 왜 토

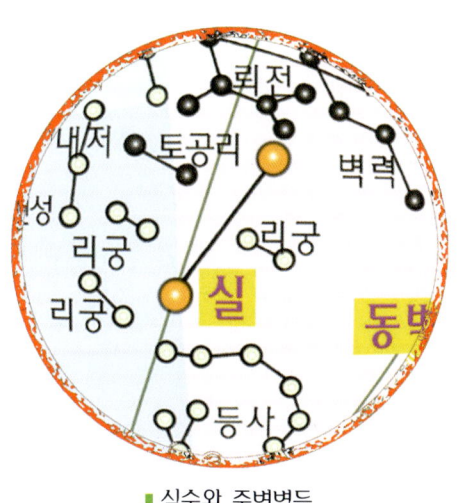

■ 실수와 주변별들

목공사를 하냐고? 전쟁이 없으면 군사들은 나라의 부역사업에 동원되었단다.

실수가 밝으면 나라가 번창해. 전쟁이 없어서 부역할 군사들이 느니까 백성들이 덜 동원되는 거지. 그러나 밝지 못하면 사당에 제사를 지내도 귀신이 흠향(제물을 받음)하지 않아서, 나라에 전염병이 창궐한대. 너희들 나비효과 알지? 서울에서 나비가 날갯짓을 하면 북경에 회오리 바람이 분다는…. 귀신과 전염병의 관계도 마찬가지야. 정성을 다해 좋은 기운을 만들면 좋은 일이 생기지만, 정성이 없어서 나쁜 기운이 생기면 큰 흉이 생기는 거야.

실수의 부하별자리와 다스리는 영토

실수는 28수의 평균영역보다 훨씬 넓은 16°를 맡아 다스리는 별자리야. 부하별자리도 열 개나 되고. 이게 모두 임금님을 편안히 쉬게 하고, 농사가 바빠서 못했던 토목공사를 하고, 또 혹시 있을지 모르는 전쟁에 대비하기 위한 별자리들이야. 겨울철인데 더 바쁜 것 같지? 옛날에는 전쟁을 하거나 나라의 큰 토목공사를 할 때 농사철에 하면 나쁜 임금님이라고 했어. 농사를 지어서 먹고 살아야 하는데, 농사지을 시간을 뺏으면 백성 보고 굶어 죽으라는 거잖아. 그래서 농사가 끝난 다음에 일을 시작하고, 전쟁도 그때 한 거지.

홍수를 조절하면서 물에 사는 생명체들을 맡아 관리하는 **물뱀(등**

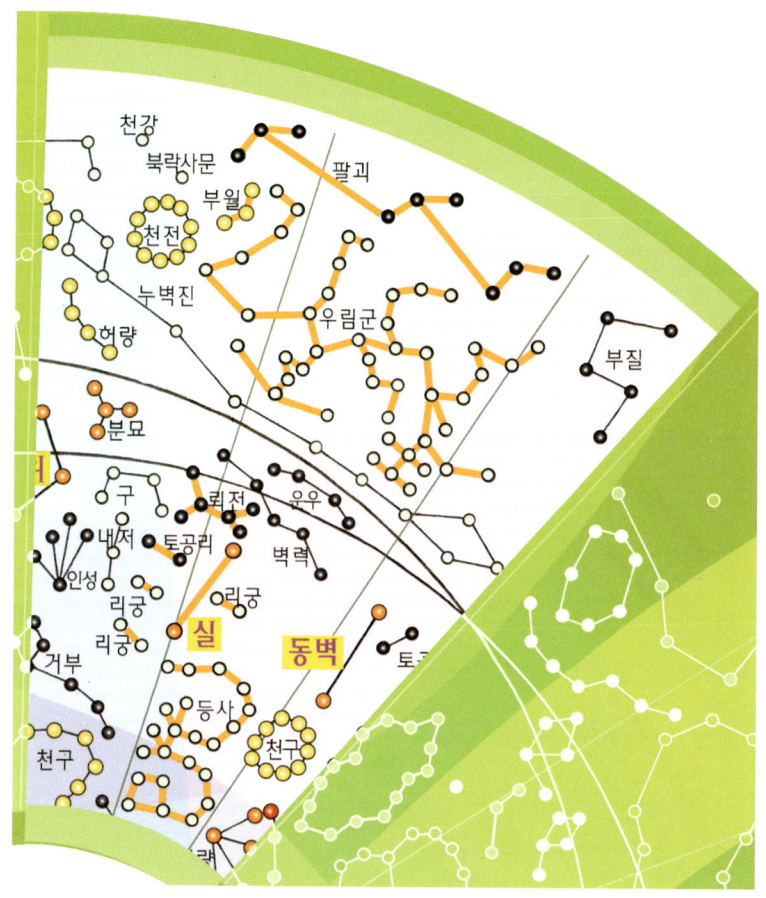

사(螣蛇)이 제일 위에 있는 것은 겨울에도 물관리가 중요하다는 뜻이고, 임금님의 특별 별장을 관리하는 **임금님 별장(이궁**離宮**)**이 셋이나 되는 것은, 임금님의 휴가 때 경호문제로 백성을 괴롭히지 말라는 뜻이야. 무슨 말이냐고? 만약에 임금님이 해운대 해수욕장으로 휴가를 갔다고 생각해봐. 임금님 근처에는 아무도 가지 못하게

경호를 하니까, 백성들은 해운대 근처에도 못 가는 거지. 그럼 백성들이 얼마나 불편하겠어. 차라리 임금님 별장을 따로 두고 그 안에서만 있으면서 쉬라고 하는 것이 좋지.

토목공사를 담당하는 **공병대**(**토공리**土公吏), 천둥을 쳐서 벌레들을 숨게 하는 **우레와 번개**(**뇌전**雷電), 임금님을 수호하는 군사들의 병영을 관리하는 **참호와 진채**(**누벽진**壘壁陳), 임금님을 수호하는 병사들을 관리하는 **경호부대**(**우림군**羽林軍), **경호부대**를 지휘하는 데 쓰는 **지휘 도끼**(**부월**鈇鉞), 변방의 적들을 살피는 **척후대**(**북락사문**北洛師門)는 겨울철의 주업무가 외적의 침입을 막는데 있다는 것을 말해주지.

또 새나 짐승을 그물로 잡는 일을 하는 **사냥꾼**(**팔괴**八魁), 임금님이 수렵을 할 때 임시 거처를 주관하는 **이동식 지휘소**(**천강**天綱) 등은 겨울철 양식을 얻기 위해서, 또 군사훈련을 위해서도 수렵이 중요하다는 것을 말해주는 거야.

■ 실수에 해당하는 지역 : 봉화, 울진, 삼척, 정선, 영월, 강릉, 횡성, 평창, 양양, 홍천, 춘천, 인제, 간성, 고성, 양구.

실수는 은하수 근처에서 비를 내리는 별이라고 해서 운한성雲漢星이라 불렀어. 12황도궁 중에서는 쌍어궁에 속하고, 강원도의 동부지역에 해당하지. 또렷하거나 빛이 잘 나면 이 지방이 그만큼 잘살게 되는 것이고, 빛이 흐려지거나 제대로 모습을 안 갖추고 있으면 해당 지방이 좋지 않게 된다고 하지.

돼지의 특성

『서유기』라는 소설에 나온 저팔계에 잘 나타나 있어. 맞아! 저팔계의 '저' 자와 실화저의 '저'는 같은 글자야.

먹을 것과 예쁜 여자 앞에서는 체면불고 먼저 달려가고, 일을 시키면 요 핑계 조 핑계를 대고 안 하며, 칭찬 받을 일이 있으면 앞장서고, 잘못한 일이 있으면 손오공이나 다른 사람에게 전가시키는 등, 좋은 일 앞에서는 급한 성질이요, 나쁜 일 앞에서는 천하태평이지. 욱하는 성질에 온갖 잘난 체를 혼자 다하고, 의외로 순진한 면도 있어서 쉽게 속아 넘어가.

그래서 앞뒤를 생각하지 않고 덤벼드는 사람을 '돼지가 돌격한다'는 뜻으로 '저돌猪突, 또는 시돌豕突'이라 하고, 먹을 것만 찾는 등 욕심이 많은 사람을 '돼지 주둥이'라고 하여 한자로는 '시훼豕喙'라고 하지.

돼지는 해가 뜨면 활동하고 해가 지면 들어가 쉬는 동물이야. 대개 북방의 일곱 동물들은 밤에 돌아다니고 낮엔 숨어 지내거나,

자신의 특성을 밖으로 드러내기보다는 안으로 감추는 경향이 있어. 북쪽이 춥고 어두운 지역이고, 또 해시부터 축시는 저녁 9시부터 새벽 3시까지로 한밤중이기 때문이지. 그런 면에서 돼지는 특이하다고 할 수 있어. 아마 평소에 충분히 이중적인 생활을 했기 때문에 다른 북방동물하고는 달리 낮에 활동하는지도 몰라.

비를 좋아하는 돼지

옛말에 개는 눈을 좋아하고, 말은 바람을 좋아하는데, 돼지는 비를 좋아한다는 말이 있어. 맞아! 눈 오는 날에 개가 눈 받아먹으려고 사방팔방으로 뛰는 것을 봤구나! 개도 그렇지만, 말도 바람을 좋아

■ 난 비 맞으면서 흙탕물에 뒹구는 게 제일 좋아.

해서 그렇게 빨리 뛰어가는지도 모르지.

그런데 눈 오는 날 뛰어다니는 개하고는 달리 돼지는 비가 오면 이리 뛰고 저리 뛰고 신나게 돌아다닌단다. 결국 온몸에 진흙투성이가 되고 말지. 그래서 우스개 이야기로 "비가 오려 하면 돼지가 공자님을 뵈려고 사수가로 나간다"는 말을 하지. 사수는 강 이름이야. 공자님이 제자들을 모아놓고 강의하시던 곳이지. 제 몸 더러워지는 것도 모르고 저렇게 날뛰고, 더군다나 냇가로 막 뛰어가서 진흙투성이가 될 때에는 공자님을 한 번이라도 더 뵈려고 그렇게 열성인가 보다 하고 생각하는 거야. 공자님 뵐 일이 아니라면, 돼지가 먹는 일도 아닌데 그렇게 열성일 리가 있겠냐 하는 거지.

사실 음기가 많은 동물들은 비가 오면 제 세상 만난 것처럼 신이 난단다. 시장에서도 미꾸라지 파는 아줌마들이 비가 오려고 하면 미꾸라지 통을 덮어놓아. 그렇게 덮어놓지 않으면 미꾸라지가 모두 통 밖으로 나와서 다 놓치게 되거든. 그래, 바로 그거야. 비 오는 기색만 보이면 미꾸라지가 "하느님! 저 불렀어요?" 하고는 신이 나서 하늘로 올라가려고 발버둥을 치거든. 그러니 미꾸라지 통에서 이리저리 뛰다가 통 밖으로 나오게 되는 거지.

물고기는 음기가 많은 동물인데, 특히 미꾸라지는 진흙 속으로 파고들 정도로 음기를 좋아해. 가을이 되면 음기를 먹고 통통하게 살이 찌기 때문에 '가을 물고기'라는 뜻으로 '추어秋魚'라고도 하잖아.

실화저

돼지 달인 해월亥月(음력 10월)은 음기가 가득 찬 달이야. 그래서 돼지가 해월을 주관하고, 비가 오면 신이 나서 한바탕 춤추며 노는 거지.

신성한 교시

우리나라에서는 돼지의 여러 단점보다는 단순하고 순박한 성질을 귀하게 여겼어. 그래서 하늘제사나 땅제사처럼 큰 제사에 돼지를 희생犧牲으로 썼지. '희생'이란 제사를 지낼 때 쓰는 제물인데, 어떤 사물이나 사람을 위해 자기의 몸을 바치는 것을 말하지. '희생 정신이 높다'는 말도 있잖아.

　들에서 지내는 큰 제사에 쓰는 돼지를 교시郊豕라고 하였는데, 제사에 쓸 교시가 감시가 소홀한 틈을 타서 달아나는 일이 자주 발생하였어. 아마도 제사에 쓸 신성한 돼지를 묶어 놓을 수가 없어서 그냥 풀어놨기 때문에 그랬나봐.

　고구려 유리왕 때였어. 달아나는 교시를 관리들이 간신히 잡았는데, 한 번 혼이 난 관리가 또 도망갈 것을 염려해서 교시의 다리 힘줄을 끊어서 도망가지 못하게 하였지. 그랬더니 유리왕이 하늘제사에 쓸 신성한 돼지를 상하게 했다면서 그 관리를 구덩이에 파묻어 죽였대. 참 애석한 일이지. 그렇다고 신성한 돼지를 묶어놓을 수도 없고, 뛰어다니는 돼지를 쫓아다니자니 참으로 힘들었겠어.

도읍할 곳을 가르쳐준 돼지

그로부터 2년 뒤에 또 교시가 달아나는 일이 발생했어. 이번에는 교시가 다칠까봐 그 뒤를 졸졸 따라가다가 위나암이라는 곳에서 돼지가 더 이상 도망가지 못하고 있는 것을 간신히 잡았대.

　돼지가 잡혀준 것도 고맙고, 도망 못 간 이유도 궁금해서 사방을 살펴보니, 그곳의 지형이 적군으로부터 방어하기 참으로 좋은 곳이었어. 그래서 임금님께 아뢰어서 수도를 옮기게 되었지. 그때만 해도 나라를 세운 지 얼마 안 되었기 때문에 외적의 침입이 많았거든. 그래서 수비하기 좋은 곳이 필요했던 거야. 어쨌든 돼지가 도읍할 곳을 찾아준 것이지.

중매를 선 돼지

그 후 또 산상왕 때도 교시가 달아났어. 참 말썽 부리는 돼지라고? 그렇지만 너희들도 생각해봐! 사람들이야 돼지를 희생으로 써서 하느님께 제사를 지내고 복을 받는다고 하지만, 돼지는 희생이 되는 순간 죽는 거야. 그러니 살고 싶지 않은 돼지가 어디 있겠어? 틈만 생기면 도망을 갈 수밖에.

　이때도 담당 관리가 급히 수소문하며 돼지를 쫓아갔어. 그렇지만 이리저리 도망가는 돼지를 쉽게 잡을 수 없었지. 더구나 교시를 상처 냈다가 죽은 관리도 있었던 터라, 돼지가 다치지 않게 조심조

심 따라다니며 그냥 잡혀줄 때를 기다리는 수밖에. 그렇게 한참을 쫓아가는데, 한 스무 살쯤 되어 보이는 미녀가 나타나 돼지를 잡아 주는 거야.

산상왕이 그 말을 듣고 그 여인을 찾아보고는 부부의 연을 맺어 아들을 낳았어. 그리곤 교시 때문에 얻은 아들이라 하여 이름을 교체郊彘라 하고 태자로 삼았지. 이 사람이 바로 고구려 11대 임금 동천왕이야.

원래 '체彘' 자는 '돼지 시豕'에 '화살 시矢'를 합한 글자로, 화살로 잡을 수 있는 돼지 즉 멧돼지를 뜻해. 아들 이름을 교시(제사에

■ 아무리 내가 맛있기로서니, 해마다 나를 제물로 바치려고 해? 내가 중매 서줄 테니까 나를 살려줘!

희생으로 쓸 돼지)라고 할 수는 없고, 그래서 비슷한 뜻인 '교체'라고 한 것이지.

이렇게 돼지를 제사에 올리는 풍속은 조선시대에도 전해져서, 동지 뒤 세 번째 미일에 납향臘享(한 해 동안 지은 농사 형편과 그 밖의 일들을 여러 신에게 고하는 제사)을 지냈어. 이때 산돼지와 산토끼를 제물로 썼고, 지금도 굿이나 고사에 돼지머리를 쓰는 풍속이 남아 있지. 웃고 죽은 돼지가 좋다고 해서 돼지 입이 웃는 모양인 것을 바치는데, 죽는 돼지가 뭐가 좋다고 웃겠어. 사람들이 웃는 모습을 만든 것이지.

돼지의 비비 꼬인 성기

아주 옛날에 지상의 동물들이 성기가 없어서 교접을 할 수 없다고 상제님께 탄원을 하였어. 앞서도 말했지만 지상의 동물들이 기운과 기운을 뭉쳐서 새로운 개체를 만들어 가다가, 하늘에서 열두 동물이 내려가 다스린 뒤부터는 자신을 닮은 자식을 낳고 싶어 했거든.

자신과 닮은 자식을 낳고 싶은 것은 동물들, 아니 식물들도 다 함께 갖고 있는 소망이기도 해. 너희들 "고슴도치도 제 자식은 예쁘다"라는 속담을 들어봤지. 고슴도치가 뭐 예쁘겠어? 가시만 잔뜩 등에 지고. 안았다간 그야말로 가시세례를 받게 되는데…. 그렇지만 고슴도치 어미가 봤을 때는 예쁘거든. 이유는 간단해. 자신을 닮았기 때문이야. 생김새도 그렇고, 하는 짓도 그렇고. 무슨 짓을 해도 예쁜 것은 닮아서 그런 거야.

자신을 닮은 자식을 낳으려면 자신의 유전인자를 자식에게 전해 주어야 하는데, 그러려면 교접을 통해서 자식을 낳는 방법이 제일 확실했어. 기운과 기운이 뭉치고 흩어져서 낳는 방법은, 조금만 잘못하면 눈이 셋도 나오고, 팔이 네 개도 나오고, 혹은 아예 팔이 없기도 하고 제멋대로였거든. 그래서 암컷과 수컷이 만나서 사랑하는 방법을 생각해낸 거지.

지상 동물들의 소원을 들은 하느님이 신하에게 동물들의 성기를 가지고 지상으로 내려가게 했어. 다른 동물들은 수컷과 암컷을 연결하는 성기를 준다는 말에, 만사를 제쳐두고 달려와 성기를 받고 신이 나서 돌아갔지. 게으른 돼지는 잘 것 다 자고 먹을 것 다 먹고 있다가, 다른 동물들이 성기를 얻었다고 자랑하는 소리를 듣고서야 급한 마음이 들어 성기를 받으러 달려 간 거야.

막 하늘로 돌아가려던 하늘나라의 신하를 붙들고 돼지가 말했어. "내 것도 주고 가야죠!" 그 신하가 난처한 표정을 지으며 말했지. "보다시피 하나도 없이 다 주었네. 다음에 올 때 자네 것을 챙겨서 가져옴세." 그랬더니, 그렇게 느긋하고 게으르던 돼지가 갑자기 급한 성격을 드러내며 "말도 안 돼요. 그때까지 어떻게 기다려

요?" 하면서 떼를 쓰는 거야.

견디다 못한 하늘나라 신하가 동물들의 성기를 묶었던 새끼줄을 보이면서 "이것이라도 쓸 테냐?" 하고 물었지.

돼지도 더 떼를 써봐야 할 수 없다는 것을 알고는, 슬그머니 그 새끼줄을 받아 자신의 몸에 붙였어. 그래서 돼지의 성기는 새끼줄처럼 비비 꼬이게 된 거야.

■ 음! 새끼줄을 매달았더니 좀 이상하긴 하군. 하지만 다른 성기를 모두 묶었던 것이니까 성능은 좋겠지! 흠흠흠!

복을 주는 돼지

박쥐의 한자 음이 '복蝠'으로 '복福'과 같다 해서 박쥐를 복 있는 동물로 보았듯이, 돼지의 한자 발음이 돈豚이니 돈과 발음이 같고, 새끼를 많이 낳고 또 그 새끼들이 쑥쑥 잘 자라 경제에 큰 보탬이

되므로, 돼지꿈을 복이 들어오는 꿈으로 보았어. 그래서 개업을 하면 어미돼지가 많은 새끼들에게 젖 먹이는 그림을 선사하기도 하는 거야.

'똥 묻은 돼지가 겨 묻은 돼지를 나무란다, 돼지는 흐린 물을 좋아한다.' 등등 돼지를 더러운 것으로 보는 견해도 많고, '돼지 멱따는 소리를 한다, 모주 먹은 돼지 목청' 등등 돼지 목소리가 좋지 않다고 싫어하는 사람도 있어.

뿐만 아니라 돼지를 시豕라고 한 것은 먹을 때 더럽게 먹기 때문에 '똥 시屎' 자와 같은 발음을 썼다고 하면서, 돼지는 어짊도 없고 예의도 없고 의리도 없으며 성질이 나쁘다는 사람도 있어. 그러니

■ 봐! 내 새끼들, 새끼줄로 만들었다고 해서 새끼라고 하는 거야. 믿거나 말거나 지만! 이렇게 많은 새끼를 낳을 수 있는 동물이 흔한 줄 알아? 그러니까 내가 복덩어리지.

까 돼지를 복 있는 동물이라고 보기도 하지만, 더럽고 욕심 많은 동물로 보기도 하는 거야.

돼지꿈 해몽

어떤 사람이 돼지꿈을 꾸었다고 하니, 해몽하는 사람이 먹을 것이 생기겠다고 했어. 그런데 그 사람이 다시 찾아가 또 돼지꿈을 꾸었다고 하니, 이번에는 입을 것이 생기겠다고 해몽하였지. 그런데 또 돼지꿈을 꾸었다고 하니, 몽둥이 찜질을 받을 것이니 조심하라고 풀이하는 거야.

잔뜩 기대를 하고 갔던 그 사람이 이번엔 나쁜 소리를 듣자 물었어. "왜 똑같은 돼지꿈인데, 이번은 흉합니까?" 그랬더니 해몽가가 대답했지. "돼지가 처음 꿀꿀거리면 배가 고파 그런가보다 하고 먹을 것을 주고, 그 다음 꿀꿀거리면 추워서 그런가보다 하고 덮을 것을 넣어주는데, 또 꿀꿀거리면 미쳤나보다 하고 작대기로 때려주는 법이다." 이 이야기는 돼지가 찾는 것은 먹을 것과 입을 것밖에 없다는 것으로, 돼지를 낮게 보았던 것이지.

그렇다 해도 돼지의 순박함은 하늘신이나 땅신이 좋아해서, 돼지를 제물로 삼은 것은 앞에 이야기했던 대로야. 누구나 장점과 단점이 있는데, 언제 어떻게 쓰냐에 따라 달라지는 것이지.

돼지와 실수

돼지는 먹고 노는 데에는 무척 욕심이 많고, 또 음기가 많은 동물이라서 비 오는 것을 좋아해. 음기가 많아서인지 앞장서서 일하는 것은 싫어하지. 그렇지만 고구려의 도읍터를 찾아주고 왕자를 낳아줄 여인을 소개해 주고, 또 단순하고 순박한 마음이 있어서 하늘과 땅에 제사 지낼 때 희생으로 쓰이기도 해. 또 게으를 때는 한없이 게으르다가도, 필요하다 싶으면 하늘나라 신하에게 성질을 내면서 '내 것 내놓으라'고 급하게 몰아칠 정도로 추진력(?)도 있어. 물론 돼지꿈 해몽에서도 나타났듯이 평소에는 먹을 것과 입을 것에만 관심이 있지.

바로 그런 면이 북방 중 해방의 춥고 어두운 곳을 지키는 실수의 수호신장에 합당한 거야. 무슨 말이냐고? 그곳에서는 만물이 다 땅 속으로 들어가서 별로 할 일도 없고, 다만 춥고 배고플 때이니까 먹을 것하고 입을 것만 잘 챙기면 되잖아! 그러니까 굳이 열심히 살 필요가 없어서 게으름을 피운다고 보면 되는 거야. 물론 가끔(?) 일어나는 국가적 토목공사는 성실하고 추진력 있게 수행해야 되지만.

반짝반짝 정보마당

사자성어 & 속담

- 계돈동사(鷄豚同社) - 닭과 돼지가 함께 모인다는 뜻. 고향 사람끼리 계를 이룸.
- 돈책계서(豚柵鷄栖) - 돼지우리와 닭의 홰. 즉 촌락의 풍경을 말함.
- 언덕에 자빠진 돼지가 평지에 자빠진 돼지를 나무란다 - 같은 처지임에도 불구하고 부질없이 남을 나무라고 있다는 뜻. 자기 흉은 모르고 남의 흉만 놀림.
- 돼지가 깃을 물어 들이면 비가 온다 - 둔하고 미련한 사람의 직감이 들어맞음을 비유한 말.
- 돼지가 떼지어 집 안으로 들어오는 꿈은 길하고, 나가는 꿈은 흉하다 - 꿈에 돼지떼가 집 안으로 들어오는 꿈은 돈이 생길 길몽이고, 반대로 돼지떼가 집 밖으로 나가는 꿈을 꾸면 손재수가 있는 흉몽이라는 뜻.
- 돼지에 진주(목걸이) - 값어치를 모르는 사람에게는 보물도 아무 소용없음을 비유한 말.
- 돼지는 살찌는 것을 두려워해야 하고 사람은 이름나는 걸 두려워해야 한다 - 좋은 일 뒤에는 나쁜 일이 뒤따르므로 항상 대비해야 한다는 뜻.
- 뚱돼지 - 뚱뚱하고 욕심이 많은 사람.
- 꽃돼지 - 귀여운 아이나 사랑스런 애인의 애칭.

교과관련

- 초등학교 2학년 1학기 읽기 〈개와 돼지〉

참고도서 & 사이트

- **돼지가 있는 교실** 쿠로다 야스후미 글 | 김경인 옮김 | 달팽이
  일본의 히가시노세 초등학교의 교사인 지은이가 학생들과 함께 3년간 돼지 'P짱'을 키우며 겪은 이야기를 담은 책입니다. 아이들에겐 생명의 소중함을, 선생님에겐 교육이란 무엇인가를, 그리고 어른들에게 따뜻한 감동을 전해줍니다.

실화저

7 壁水貐
벽벽 물수 수달유 설유유

상징	뱀의 머리
크기	1m 10cm
운행 방위	(북북서)

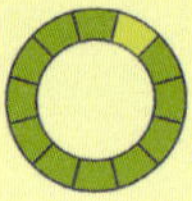

영토	9°
보이는 때	9/27~10/27
해당지역	강원도의 북부
부하별수	5(26)
힘의세기	★★★★

의미 문장, 도서관, 토목공사. 밝으면 문화가 번창하고, 어두우면 이간질을 하고 소인배가 중용되어 서로 의심하는 사회를 만든다.

벽수유

벽수유는 북방현무칠수 중에 제일 마지막 별자리인 벽수를 수호하는 신장이야. 벽수유는 현무에서 뱀의 윗몸에 해당하지. '벽'은 벽수라는 뜻이고, '수'는 칠정 중에 수성의 정기를 받았다는 말이고, '유'는 수달이라는 동물로 대표된다는 뜻이야.

벽수유는 수달의 머리에 사람의 몸을 하였지. 키는 1m 10cm로 작은 편이고, 얼굴은 검은색이야. 흑갈색의 전포를 입고, 흰 베옷에 황금으로 상감을 두텁게 들여 두른 두건을 쓰고, 짧은 도끼를 무기로 하지.

벽수

벽수의 벽은 담장이라는 뜻으로 한계, 막음 등을 의미해. 벽수를 한계로 동쪽으로는 양기가 발달하고, 또 실수를 보호하는 담벼락처럼 생겼거든. 벽수는 문명을 주관하는 별이야. 문명은 글을 통해 전해지기 때문에 천하의 책을

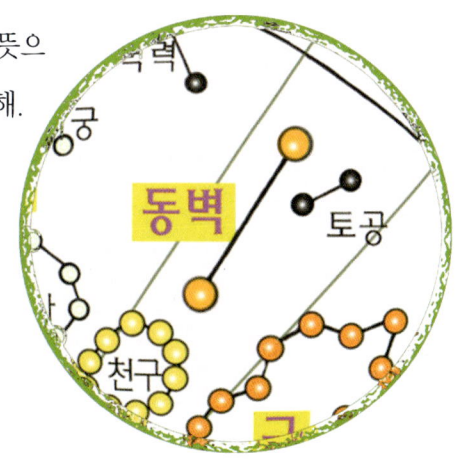

■ 벽수를 동벽이라고 써 놓았는데, 서쪽에 있는 별에 '동'이라고 하니 이상하지?

보관하는 비밀스러운 도서관이라고 여겼어. 가을은 독서의 계절이라는데, 그래서 벽수가 가을에 뜨나봐. 너희들이 자는 사이 벽수는 밤하늘에 떠서 옛날 일이나, 비밀스런 이야기를 너희들에게 들려주는 게 아닐까?

　동벽이라고 한 것은 벽수 근처에서 양기운이 생겨서 동쪽으로 옮겨간다는 뜻이야. 그러니까 벽수에서 기운이 생겨서, 왼쪽에 있는 실수, 위수로 갈수록 성해지는데, 이렇게 왼쪽으로 가는 것이 바로 동쪽으로 가는 거야. '벽수에서 시작해서 동쪽으로'라는 뜻이 바로 '동벽'인 것이지.

벽수의 부하별자리와 다스리는 영토

벽수는 하늘나라에서 9°의 영역을 맡아서, 도서관 토목공사 등등을 담당하는 별자리야.

　그래서 벽수의 부하별자리에도 소나 말을 쉬게 하는 **마구간(천구**天廄**)**, 여물을 주기 위해 꼴을 베거나 자르는 **작두(부질**鈇鑕**)**, 비와 이슬로 달래고 벼락으로 겁을 주어 좋은 데로 이끄는 **비와 이슬(운우**雲雨**)**, **벼락(벽력**霹靂**)**, 부실해진 집을 수리하게 하는 **토목감독관(토공**土公**)**이 있는 거야.

　특히 **토목감독관**은 토목공사를 맡은 관리라는 뜻인데, 천시원에 있는 종친회장(**종대부**宗大夫:23쪽 천문도참조)과 더불어 우리나라 천

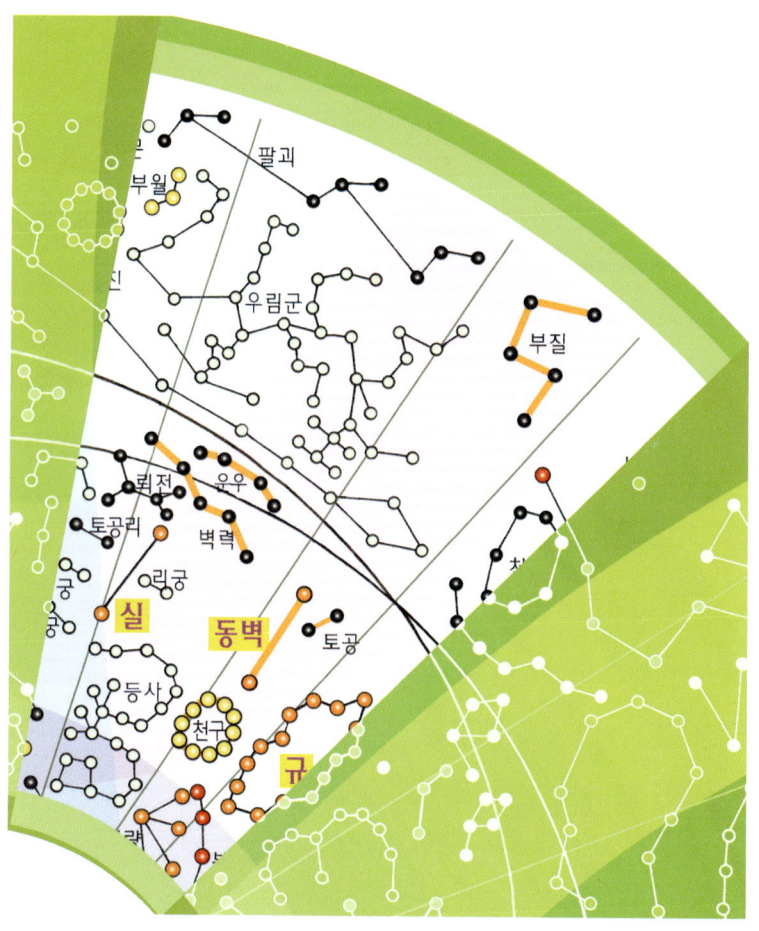

문도에만 있는 독특한 별자리지. 그래, 중국 천문도에는 없는 별자리야. 이 두 별자리는 천상열차분야지도(고구려 때 만든 천문도를 바탕으로 별자리를 나열하고, 별자리에 해당하는 땅의 지역을 표시한 그림. 조선 태조 때 복원)가 우리 조상님들이 만든 독창적이라는 것을 증명하는

별자리이기도 해. 이 별이 밝으면 도서들이 모이고 쌓여 문명이 발달하고, 정치가 잘 이루어진대. 물론 이 별이 어두워지면 그 반대겠지? 황도궁 중에는 쌍어궁에 속하고, 강원도의 북부에 해당하지.

■ 벽수에 해당하는 지역 : 강원도의 이천, 평강, 김화, 화천, 회양, 통천.

수달

벽수유의 신장인 수달은 여우같이 생겼는데 꼬리가 좀 길어. 족제비와도 비슷하지만 훨씬 크고 또 수중생활을 하기에 좋게 생겼지. 머리와 코는 둥글고 눈과 귀는 아주 작으며, 특히 귀는 주름가죽으로 덮여서 털 속에 묻혀 있기 때문에 방수효과가 있어. 몸은 가늘고 꼬리는 몸체의 4분의 3 정도로 길지만 둥근 형태야. 팔다리는 짧고 발가락은 발톱만 남기고 물갈퀴로 되어 있지. 온몸이 짧고 부드러우면서도 밀집된 털로 감싸져 있고, 다른 곳은 보통 암갈색이지만 배만은 확실한 담갈색이야. 이빨은 모두 서른여섯 개나 돼. 젖도 사람보다 두 쌍이 많은 세 쌍으로 되어 있고.

주로 구덩이나 도랑에 숨어 지내며 물고기를 잡아먹지. 해가 뜨면 숨고 밤이 되면 활동하는데, 춥고 어두우며 비 오는 것을 좋아

▪ 이 개구리는 내 거야. 아무리 친해도 내가 잡은 것을 나누어 줄 수는 없어.

해. 지능이 아주 뛰어나고 시각, 후각, 청각 등 모든 감각이 예민하여 밤이나 낮이나 잘 살필 수 있어. 그렇지만 밤이 활동하기에 유리하다고 생각하는지, 낮에는 휴식하고 주로 밤에만 활동해.

또 수달은 물의 깊고 얕음을 잘 분별하기 때문에, 집을 지을 때 물이 넘쳐들어 오지 않는 곳에 짓는다고 해. 이건 무척 중요한 거야. 물에서 멀면 먹이사냥도 어렵고 또 다른 천적한테 들킬 염려가 많아. 그렇다고 물에 너무 가까이 지으면 집에 물이 들어와서 집 안이 엉망이 되기 때문이야.

어미 수달의 사랑

『삼국유사』에 나온 내용이야. 경주의 남산 아래 쪽 은천동 어귀에 살던 한 젊은이가 냇가에서 길이가 한 팔도 훨씬 넘는 수달을 보았어. 젖이 퉁퉁 불어있는 어미 수달이었지. 젊은이는 아파서 꼼짝 못하고 집에 계시는 어머니를 위해 수달고기를 해드리고 싶었어. 그래서 수달을 잽싸게 잡았단다.

해가 지려 하자, 급한 마음에 살만 대강 발라서 **뼈**는 그 자리에 버리고 살만 가지고 집에 왔어. 홀로 아들을 기다리는 어머니 때문이야. 그 어머니는 해가 져서도 아들이 집에 오지 않으면 무척이나 걱정을 하셨대. 젊은이는 단숨에 집으로 뛰어가서 수달고기를 맛있게 요리해 어머니에게 드렸지.

이튿날 그가 수달을 잡았던 곳에 가보니 밤 사이 **뼈**가 어디론가 사라지고 없었어. 마침 핏자국이 있어서 따라가 보았지. 근데 그 **뼈**가 조그만 굴속에서 젖먹이 수달 새끼들을 꼬옥 껴안고 있는 거야. 뜨거운 열기가 솟구쳐 젊은이의 얼굴이 뻘게졌지. 살이 다 뜯겨 나갔는데도 어린 새끼들을 두고 차마 죽을 수 없었던 어미 수달의 마음을 본 거야.

차마 못할 짓을 해버린 젊은이는 그 길로 출가를 하여, 덕이 높은 큰 스님이 되었다고 해. 이 분이 혜통惠通스님이야. 혜통스님은 신라 문무왕 때의 승려야. 중국 당나라로 유학 가서 삼장에게서 밀교의 법을 배웠고, 신라에 돌아와서는 진언종의 개조가 되었지. 수달과 관련한 일화 외에도 그가 당나라에 가 도법으로 용을 물리쳤다는 이야기가 『삼국유사』에 전해져.

달제어

수달은 정월달이 되면 물고기를 잡아 사방으로 늘어놓고 풍어제를 지내는 습관이 있는데, 사람들은 이를 달제어獺祭魚라고 불러. 도서관을 지키는 제사장답지? 수많은 문자를 남겨주신 선조와 신에게 감사를 드리는 걸 거야.

어떤 사람은 수달이 정월에 제사를 지내는 것은 근본에 보답하

▌조상님들! 이 고기 드시고 장가 좀 가게 해주십시오!

고 그 시작되는 곳을 기릴 줄 알기 때문이래.

또 동물들은 간肝의 개수가 정해져 있는데, 수달만은 정월에는 한 개지만 매달 한 개씩 늘어서 12월에는 열두 개가 되었다가 정월이 되면 다시 한 개로 바뀐다고 하면서 수달을 신비롭게 생각했지. 아마도 가파른 진흙비탈에서 미끄러져 물속으로 떨어지는 놀이를 즐기는 등, 날이 갈수록 활발하게 움직이는 수달을 보고 간이 커져서 그렇다고 생각했나봐.

●●●●● 해달海獺
바다에 사는 것을 해달이라고 하는데, 바다에서 태어나고 수달보다 커서 1m 정도의 개만하지. 가슴에 돌을 얹은 채 물 위에 둥둥 떠 있다가, 배가 고프면 가슴에 있던 돌로 조개를 깨서 먹곤 해. 다리 아래는 엄지손가락만한 털로 덮여 있는 가죽이 있는데, 물에도 잘 젖지 않아. 큰 것은 30~40㎏ 정도 되는데, 수달도 그렇지만 특히 해달의 모피는 최상품이어서, 그 모피 때문에 죽게 되는 아이러니가 있어.

●●●●● 설유猰㺄
어떤 사람은 벽수유가 수달이 아니라 요임금 때 사람을 죽이면서 괴롭히다가 예에게 화살 맞아 죽은 설유라고도 해. 설유는 용머리에 너구리나 개의 몸을 했는데 발톱은 호랑이처럼 무척 날카로운 동물이라고도 하고, 용머리에 뱀의 몸을 해서는 물속에 산다고 하기도 하고, 사람 얼굴에 말의 발을 한 동물인데 아기소리를 내며 사람을 속여서 잡아먹는다고도 하는 전설상의 동물이야.
그렇지만 벽수유의 크기가 유달리 작은 것으로 봐서 설유같이 큰 짐승은 아니고, 수달같이 작으면서 식욕이 왕성한 동물이 맞다고 생각해. 또 벽수유의 부하별에 토공土公이라는 별이 있는데, 이 별은 토목공사를 맡은 별이야. 설유는 토목공사하고 관계가 없지만 수달은 물속의 건축사라고 할 정도로 토목공사를 잘하는 동물이야.

승냥이도 10월이 되면 사냥한 짐승고기를 늘어놓고 제사를 지내는데, 승냥이는 여럿이 같이 지내므로 제사라 하고, 수달은 혼자 지내므로 '바칠 헌'을 써서 헌제獻祭라고 부르기도 해.

청나라의 시조

함경도 회령의 오제암이라는 마을에 최씨가 살고 있었는데, 그 딸이 천하 장사였어. 그 딸이 시집갈 나이가 되었을 때, 자신보다 약한 사람하고는 살지 않겠다고 하면서, 자신과 겨루어서 이기는 사람을 남편으로 삼겠다고 했지. 그 집 재산도 탐이 났고 여자도 잘생겼어. 그래서 평소 힘깨나 쓴다는 사람들이 모두 한번 겨뤄보기를 청했어.

이때, 마을에서 이 집 저 집 다니며 머슴을 살던 총각이 있었는데, 이 총각도 최씨 딸에게 도전했지. 총각의 힘을 당할 수 없었던 최씨 딸은 약속대로 그 사람을 남편으로 받아들였대.

그런데 첫날밤을 지내려는데, 그 총각한테서 노린내가 너무 나서 같이 잘 수가 없었어. 생각다 못한 최씨 딸이 서방의 입과 양쪽 겨드랑이, 그리고 양쪽 다리가 시작하는 사타구니 안쪽에 주머니를 만들어 냄새를 막았지.

어찌어찌 잠이 들었는데, 새벽에 눈을 떠보니 서방은 간데없고 웬 털북숭이 수달이 옆에서 자고 있는 거야. 경황 없는 중에도 가

만히 살펴보니 자기가 만들어 묶어놓은 다섯 개의 주머니를 매단 채였지. 한참을 생각하던 최씨 딸이 그 주머니에 긴 실을 매달아 놓고는 다시 잠을 자는 척했지. 아침이 되어 일어난 서방이 주섬주섬 옷을 입고는 밖으로 나갈 때, 최씨 딸도 가만히 일어나 실을 따라 가보았어. 그랬더니 백두산 천지에 실이 연결되어 있는 거야. 그래서 실을 잡아당겼더니, 수달이 밖으로 나오는 거였어. 깜짝 놀란 수달은 다시 물속으로 들어갔고, 딸은 끊어진 실을 잡고 한참을 넋을 놓고 앉아 있었지.

세월이 흘러 최씨 딸은 아들을 낳았는데, 아이는 피부가 노랗고 털이 많으면서 수달처럼 노린내가 났어. 그래서 이름을 '노래치'라고 지었지. 피부 색깔도 특이하고 냄새도 노린내가 났기 때문인지, 다른 아이들과 잘 어울리지 않았는데, 다만 물을 좋아해서 '한동제두'라는 호숫가에 가서 하루종일 수영을 하고 놀곤 했지.

그러던 중에 경흥의 솔보마을에 사는 이씨가 꿈을 꾸었는데, 백두산 천지에서 용이 하늘로 날아오르는 거야. 그리곤 백두산 산신령님이 나타나서는 "저 용은 오랫동안 수도하던 수달이 용이 되어 날아오른 거다. 수달이 살던 천지의 밑바닥에는 용의 형상을 한 바위가 있는데, 용바위의 왼쪽 뿔에 조상의 유골을 걸어 놓으면 중국의 왕이 태어날 것이고, 오른쪽 뿔에 조상의 유골을 걸어 놓으면 네 후손 중에 조선의 왕이 태어날 것이다."라고 하는 거야.

잠에서 깬 이씨가 아버지의 유골을 파서 항아리에 넣고 석회로 입구를 잘 막은 다음에 백두산의 천지에 이르렀어. 그렇지만 이씨는 천지의 웅대함에 질려서 물속으로 들어갈 엄두가 나지 않았지. 시퍼런 물이 그 깊이를 알 수가 없는데다가 얼마나 찬지 손을 슬쩍 담갔는데도 뼛속까지 시렸거든. 그래서 그곳에서 놀던 노래치에게 사실 이야기를 하고 부탁을 했지. 기억하지? 앞서 말한 수달의 아들이야.

이씨가 말했어. "천지의 물속에 명당이 둘 있는데, 나는 내 아버님 유골을 묻고 자네는 자네 조상의 유골을 묻으면 우리 둘 다 잘 될 걸세. 나는 내 후손이 조선의 왕만 하더라도 감지덕지일세." 그러면서 자신의 아버지 유골을 왼쪽에 모셔달라고 했지. 사실 이야기를 하고 부탁을 했다고 하지만, 실은 왼쪽과 오른쪽을 반대로 말했어. 조선의 왕보다는 중국의 왕이 더 좋은데, 노래치도 중국의 왕을 택할 것 같았거든. 이야기를 들은 노래치가 그러겠다면서 천지에 들어갔지.

잠시 후 물속에서 나온 노래치에게 이씨가 어떻게 했냐고 물었지. 노래치가 웃으며 말했어. "당신 가문이 중국의 왕이 되도록 했습니다. 나야말로 조선의 왕만으로도 감지덕지하거든요. 이것을 인연으로 앞으로 우리 두 가문이 영원히 잘 지냈으면 합니다."

이씨는 속으로 '아차!' 싶었지만, 어쩌겠어. 이미 엎질러진 물이고, 또 자신은 천지의 깊은 물속에 들어갈 수도 없는걸. 그래서 두

가문이 잘 지내기를 맹세하고 헤어졌지. 그 후로 노래치의 후손은 중국에 들어가서 청나라를 건국했고, 이씨의 후손은 남으로 내려가서 조선을 건국했는데, 노래치의 후손이 청나라를 건국한 것은 조선의 건국보다 약 200년 뒤야.

그 중간에 명나라가 낀 거지. 그 이유는 노래치가 자신의 아버지인 수달의 뼈가 없어서 어머니인 최씨 딸의 뼈를 걸어놓았기 때문이라 하기도 하고, 전라도 신안에서 시작한 중국황제의 기운이 이미 발동했기 때문에 그 기운이 끝난 다음에 노래치 후손의 기운이 시작했다고도 하는데, 자세한 것은 모르겠어.

어쨌든 우리가 북방의 이민족을 오랑캐라고 했는데, 최씨 딸이 수달의 몸에서 가장 냄새나는 다섯 군데를 주머니로 감쌌다고 해서, 다섯 개의 낭(주머니)을 맨 개(수달)라는 뜻으로 오낭개(五囊犬, 즉 五囊水獺)라고 했다가, 차차 오랑캐라로 불렀다고 해.

또 청나라 태조인 누루하치도 자기 선조인 노래치처럼 힘이 세고 사냥을 잘했다고 해서 노래치라는 이름을 그대로 썼다고 해. 그러니까 누루하치는 노래치를 만주족 방식으로 부른 이름이라는 거지. 이런저런 이유로 북한에서는 청나라를 조선족이 세운 나라로 보았어. 그래서 청나라를 북조, 조선을 남조로 보아서 남북조시대라고 하였지. 하지만 여기서 이 이야기기의 요점은 수달도 도를 닦으면 용이 되어 승천한다는 거야.

수달과 벽수

수달은 지능이 아주 뛰어나고 시각, 후각, 청각 등 모든 감각이 예민하여 밤이나 낮이나 잘 살필 수 있어. 또 수달은 물의 깊고 얕음을 잘 분별해서 적당한 위치에 집을 짓고, 정월달이 되면 달제어를 지내서 선조들께 감사하는 마음도 있고, 자식 사랑도 지극하지. 또 열심히 수련해 용이 되어 승천할 정도로 참을성도 무척 강한 동물이야. 그래서 돼지와 더불어 하늘의 해방亥方을 지키면서도, 돼지처럼 몸보신에 신경 쓰기보다 새해를 대비해서 겨울의 긴긴밤을 책을 읽고 체력단련을 하면서 지내는 거야.

반짝반짝 정보마당

속담
- 수달이 코 떼어놓고 볼 것 없다 – 모든 게 갖추어져 있어야 하는데 한 가지라도 빠지면 볼품이 없다는 뜻. 있을 것은 다 있어야 한다는 것.(북한속담)
- 못에 고기를 키우는 자는 반드시 수달을 멀리한다 – 만사에 그 일을 방해하는 것을 제거하여 해악을 미리 막는 것이 좋다.(회남자)

참고도서 & 사이트
- **아기 수달의 머나먼 여행** 크리스티앙 부샤르디 글 | 김주열 옮김 | 두레아이들
  세계적으로 멸종 위기에 처해 있는 수달이 강의 상류에서부터 강 하구까지 그의 친구인 새끼 연어와 함께 여행하면서 겪은 모험담을 담은 책입니다. 책을 읽으면서 수달, 연어, 비버, 도요새, 시궁창쥐 등, 여러 야생 동물들의 생태에 대해서 알 수 있습니다.
- **(사)수달보호협회** http://www.otter.or.kr
  1992년 천연기념물로 지정된 수달의 생태와 사진자료를 볼 수 있습니다.

벽수유

北方七宿

되짚어보기

이렇게 해서 북방의 일곱 별자리를 수호하는 신장들을 다 살펴보았어. 이 일곱 별자리의 이름과 동물 방위를 요약하면 아래 그림처럼 되지. 그리고 이들을 다 합하면 북방의 사영신인 현무가 되는 거야.

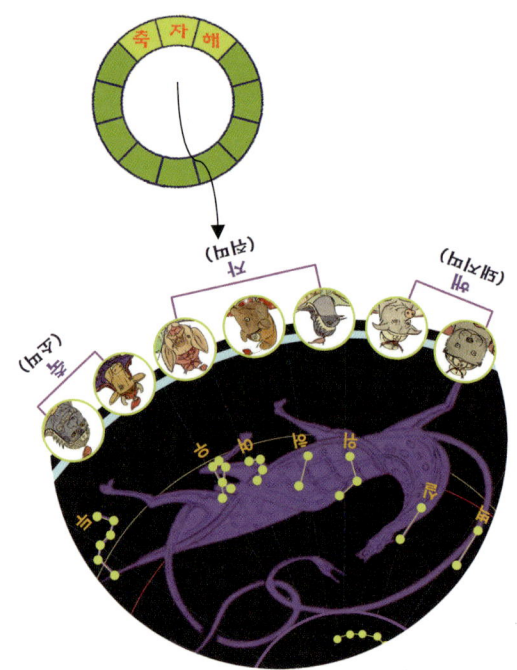

해방에 있는 벽수유와 실화저가 머리부분이고, 자방에 있는 여토복과 허일서, 위월연이 몸통부분이며, 축방에 있는 두목해와 우금우가 꼬리부분이야. 그래서 북방칠수는 서방칠수인 백호의 꼬리를 보고 있는 상이 되지..

		목요성	금요성	토요성	일요성	월요성	화요성	수요성
북방칠수	이름	두목해	우금우	여토복	허일서	위월연	실화저	벽수유
	동물	해치	소	박쥐	쥐	제비	돼지	수달
	방위	축방		자방			해방	
	현무	꼬리		몸통			머리	

우습다고? 실은 뱀이나 지렁이처럼 길고 꾸불꾸불한 동물은 구멍을 좋아해. 그래서 백호의 똥꼬를 보고 있는지도 모르지. 맞아! 청룡도 뱀같이 그렇게 생겼잖아. 그래서 주작의 똥꼬를 보고 있어. 그러니 주작과 백호만 서로 마주 보고, 청룡은 주작의 꼬리를 보고, 현무는 백호의 꼬리를 보는 거야. 그러니 청룡과 현무는 서로 엉덩이를 마주하고 있는 셈이지

133

넷째 마당

서방백호칠수

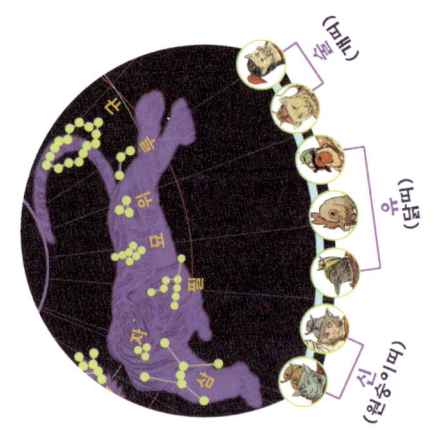

넷째 마당 ▎ **서방백호칠수**

    술방의 두 동물 ▪ 138
        ❶ 규목랑奎木狼 ▪ 140
        ❷ 루금구婁金狗 ▪ 154
    유방의 세 동물 ▪ 166
        ❸ 위토치胃土雉 ▪ 170
        ❹ 묘일계昴日雞 ▪ 186
        ❺ 필월오畢月烏 ▪ 204
    신방의 두 동물 ▪ 224
        ❻ 자화후觜火猴 ▪ 226
        ❼ 삼수원參水猿 ▪ 240

규목랑 루금구

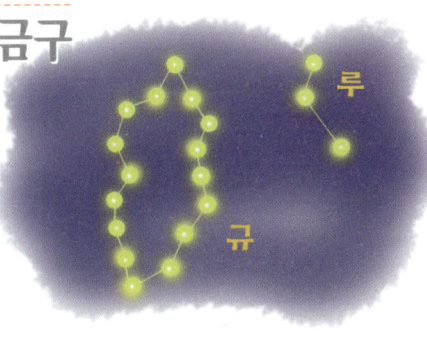

동방	진 묘 인	각 항 저 방 심 미 기
북방	축 자 해	두 우 여 허 위 실 벽
서방	술 유 신	규 루 위 묘 필 자 삼
남방	미 오 사	정 귀 류 성 장 익 진

이제 서방의 일곱 동물을 소개할 시간이야. 서방은 술방, 유방, 신방의 세 방향을 말해. 그러니까 술방의 두 동물과 유방의 세 동물, 그리고 신방의 두 동물을 합한 일곱 동물이 바로 서방을 다스리는 일곱 동물이지. 지금부터 그 일곱 동물과 그 신장의 이름에 대해서 각 방위마다 설명하려고 해.

　술방에는 규수와 루수가 있는데, 규수에는 이리를 배당하고, 루수에는 개를 배당했지. 술시(저녁 7시~9시)가 되면 어두워지고, 술월(양력 10월)은 모든 만물이 다 숨으려고 하는 때야. 만물이 다 숨을 때에 하늘이 심판해서 들여보내고 막기 시작한다 해서, 술방은 하늘의 문이 열리고 닫히는 곳으로 알려져 있어.
　문이 열리면 좋은 것도 들어오지만 나쁜 것도 들어오지. 그러니 혹 도적이 들까 조심하고 경계하며 지켜야 하는데, 그런 역할에는 개가 딱 맞기 때문에 개를 배당한 거야.

이리는 들에서 살고 개는 사람과 같이 살지만, 체격도 비슷하고 생김새도 비슷해. 먹는 것도 둘 다 잡식이고. 그런데 같은 술시를 맡은 동물이라도 이리는 밤에 더 가까워서 숨기를 좋아하고, 개는 조금 덜하지.

개해에 태어난 사람들은 이리나 개의 특성을 많이 갖고 있다고 보면 돼. 특히 1~6월 사이에 난 사람은 이리의 성격이, 7~12월에 난 사람은 개의 성격이 강해.

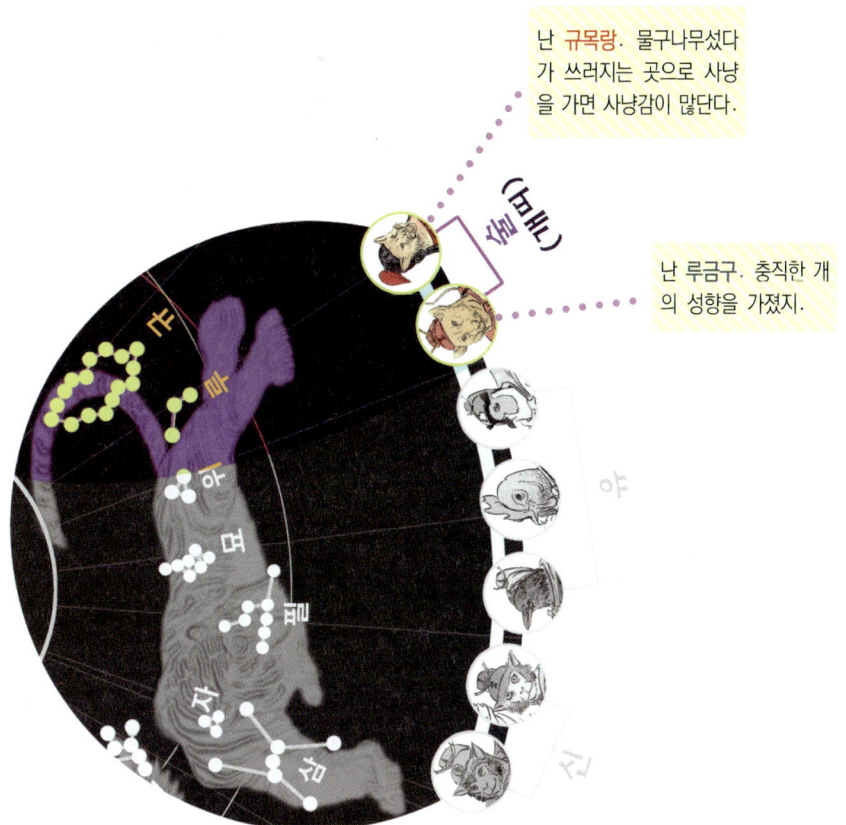

난 규목랑. 물구나무섰다가 쓰러지는 곳으로 사냥을 가면 사냥감이 많단다.

난 루금구. 충직한 개의 성향을 가졌지.

① 奎木狼
- 별이름 규
- 나무 목
- 이리 랑

상징	백호의 꼬리
크기	1m 20cm
운행 방위	(서서북)

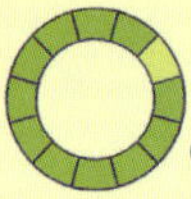

영토	16°
보이는 때	10/6~11/5
해당지역	충청북도 서부
부하별수	8(29)
힘의세기	★★★★

의미 무기창고, 폭동을 대비, 관개수로, 지혜. 밝으면 평안하고 현인이 많이 배출되고, 어두우면 홍수, 병란 등으로 인해 살 곳을 잃는다.

규목랑

규목랑은 28수 중에 규수를 수호하는 신장이야. 규수는 서방백호 칠수 중에 첫 번째 별자리야. 규수를 짚신처럼 생겼다는 사람도 있고, 또 별들이 마치 집 울타리를 둘러놓은 듯이 있어서 곳간이라고 생각했어. 서방의 금기운이 있는 곳의 곳간이니 무기고가 되는 거야. '규' 자는 규수라는 뜻이지. '목'은 칠정 중에 목성의 기운을 받았다는 뜻이고, '랑'은 이리라는 뜻이야.

규목랑은 이리의 머리에 사람의 몸을 하였는데, 키가 1m 20cm로 작은 편이고, 얼굴은 푸르고 검은색이야. 검은 명주로 된 전투복을 입고, 황금꽃을 장식한 누런 베로 머리를 감쌌으며, 윤이 나는 검은색 신을 신고, 손에는 언월도를 무기로 잡고 있지.

규수

규수도 북방칠수의 벽수와 함께 문명을 주관하는 별이야. 다른 점이 있다면 벽수는 책을 담당하지만 규수는 무기고를 담당해. 문명과 무기는 서로 상극인 것

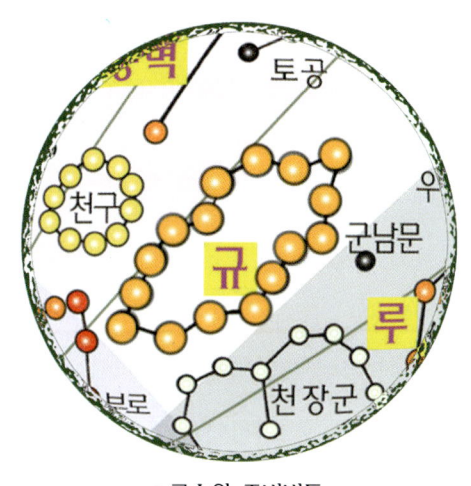

▪ 규수와 주변별들

같은데, 어떻게 상관이 있냐고? 병사들을 사용해서 전쟁을 막고 폭동을 금함으로써 평화시대를 여는 거야. 그래서 이 별이 밝으면 평안하고 현인이 많이 배출되고, 어두우면 홍수나 병란 등으로 삶의 터전을 잃는다고 해. 조선시대 정조 임금님이 궁궐 안에 세운 국립도서관의 이름이 규장각奎章閣이잖아? 바로 규장각의 '규' 자가 규수의 '규' 자야.

규수를 하늘의 우산이라는 뜻에서 '꽃 화華, 덮을 개蓋'를 써서 화개성華蓋星이라 부르고, 모두 열여섯 개의 별로 이루어졌고 백호의 꼬리에 해당하지.

규수의 부하별자리와 다스리는 영토

규수는 28수 중에서 16°라는 비교적 넓은 영역을 맡아 다스리는 별자리야. 부하별자리도 여덟 개로 비교적 많아. 하늘의 무기고로 폭란을 사전에 방비하려면 이 정도는 갖춰야 된다고 생각했나봐.

규수는 서방백호칠수의 첫 번째 별자리야. 계절로 치면 가을이 끝나고 겨울이 시작되는 때이지. 이때는 물줄기를 한 번 더 살펴서 겨울의 홍수를 방비해야 하고, 또 백성들을 훈련시켜서 외적을 막는 일이 주업무가 되는 거야. 다음의 천문도를 손으로 짚어가며 어떻게 생겼는지 익혀봐.

임금이 별궁으로 갈 때 폭도들의 방해를 받지 않고 직행할 수

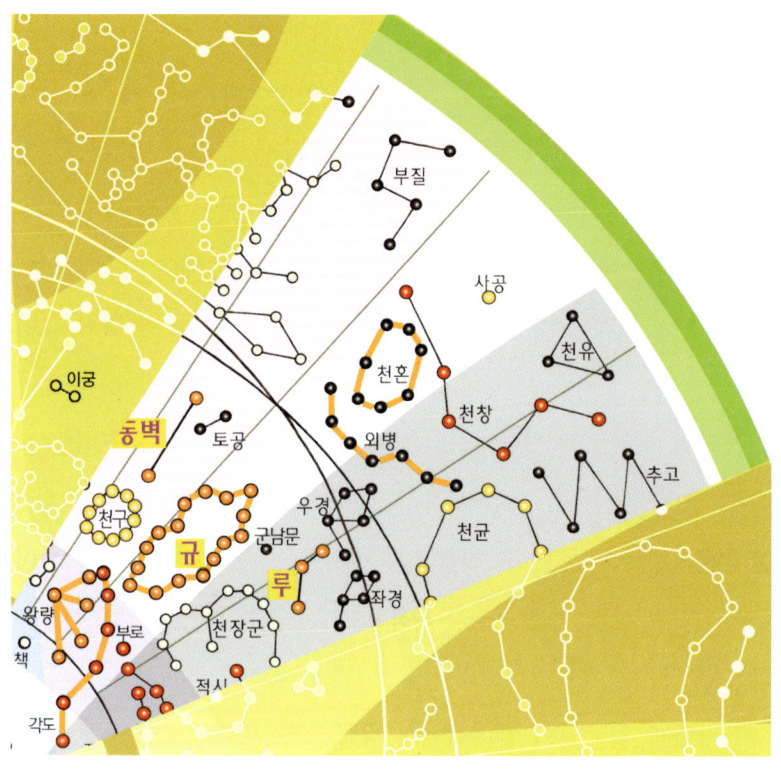

있는 **고가도로(각도**閣道**)**와 정상적인 길이 잘못되었을 때 쓰는 **샛길 (부로**附路**)**, 그리고 말을 아주 잘 모는 사람인 **왕량(**王良**)**과 **채찍(책** 策**)**은 임금님이 움직일 때 사용되는 별자리들로 제일 위에 있지. 특히 **고가도로**는 하늘의 중심부인 자미원과 규수 그리고 실수의 **임금님 별장(이궁**離宮**)**을 연결하는 고가도로야. 왜 고가도로로 가냐고? 자미원과 규수, 자미원과 **임금님 별장** 사이에 하늘의 강물인 은하수가 지나가거든. 그러니까 강물 위로 통과할 수 있는 다리라고

도 할 수 있어. 그냥 다리도 아니고, 위와 옆을 막아서 비바람을 막을 수 있는 터널형 다리야. 진시황이 아방궁을 지을 때, 두 갈래 길의 각도를 만들어서 아방궁으로부터 위수를 건너서 함양까지 연결시킨 것도 하늘에 있는 별자리를 궁궐 짓는 데에 응용한 것이지. 그래, 자기는 하느님의 아들로서 지상을 다스리는 천자天子라고 생각한 거야. 그래서 하늘의 영광을 지상에서 구현하고 싶었던 것이지.

규수의 아래로는 병사들이 출입하는 문인 **군대 정문(군남문**軍南門**)**이 있어서 임금을 호위하고, 그 밑에 야외에서 볼일을 보는 **화장실(천혼**天溷**)**이 있고, 그 화장실을 가려주는 **야외 병풍(외병**外屛**)**이 있어. 그 아래 있는 **토목공사(사공**司空**)**는 군대막사를 짓고 참호를 만드는 별자리야.

그러니까 임금님이 자미원에서 **왕량(**王良**)**이 **채찍**질해서 모는 마차를 타고, **고가도로**와 **샛길**을 통해서 규수에 이르러 겨울을 무사히 날 것과 공부할 것을 의논하면, 그 밑에 있는 별들이 임금님을 호위하는 것이지.

황도궁 중에는 백양궁에 속하고, 충청북도의 서부지역에 해당해.

■ 규수에 해당하는 지역 : 서산, 당진, 예산, 아산, 온양.

이리

이리는 산이나 들에서 살고, 남쪽 사람들은 털이 많다고 하여 모구毛狗(털 많은 개)라고도 불러. 또 늑대, 말승냥이, 승냥이 등등과 더불어 시랑豺狼이라는 이름으로도 불릴 정도로 서로 구별이 안 가는 동물이야. 동굴에서 살고, 개와 크기가 비슷하며, 뾰족한 주둥이에 다리가 길지 않아서 닭이나 오리, 쥐 등을 잘 잡아먹지.

몸의 색은 황색과 흑색이 섞여 있는데, 푸른색과 회색이 섞여 있는 것도 있어. 소리는 컸다 작았다 마음대로 내는데, 매우 듣기 싫은 소리를 내지.

전해 내려오는 이야기에 이런 말이 있어. 이리는 창자가 곧기 때문에 겨울에 '우우우~' 하고 울면 항문에서 김이 난대. 항문이 제대로 막혀 있지 않아서 새는 거야. 왜 새가 날아갈 때 똥오줌이 섞인 분비물을 떨어뜨리잖아? 새도 창자가 곧아서 똥이 생기면 저장을 못하고 바로 싸는 거야. 그렇지. 나는 도중이라도 마려우면 그냥 싸는 거야. 성질 급한 것들의 특성이기도 해.

이리는 대부분의 육식동물들이 그렇듯이, 해 뜨면 숨었다가 해가 지면 활동해. 특히 다른 동물들이 활동하기 힘든 춥고 눈 오며 안개 끼는 날을 좋아하지. 1~2월에 교미해서 60일 정도 임신했다가 5~10마리를 한꺼번에 낳아.

탐욕스런 이리

이리는 개와는 달리 야생으로 오래 있어서 그런지, 먹을 것을 보면 무척 탐욕스러워. 마치 "지금 먹어두지 않으면 곧 굶어 죽지." 하는 마음으로 먹는 것 같아. 항문이 부실해서 그런 것이기도 하지만…. 그렇게 게걸스럽게 먹다보니 턱밑살이 늘어지게 되는 거야. 『시경』에도 이리가 늙게 되면 턱밑살이 포대처럼 늘어져 땅에 끌릴 정도가 되는데, 이리가 발을 엇박자로 걷기 때문에, 턱밑살을 밟고 넘어지는 경우가 많다고 했어. 턱밑살을 밟았다 하면 '아차!' 싶어서 뒤로 물러나고, 그러면 또 축 늘어진 꼬리를 밟게 되어 결국 넘어진다는 것이지.

참! 이리는 개하고 달라서 꼬리를 아래로 늘어뜨리고 다녀. 개는 꼬리를 말아 올리면서 자기가 기운 센 동물이라는 것을 보여주는데, 이리는 꼬리를 늘어뜨림으로써 자기보다 더 강한 이리에 대한 존경심을 보이는 거야.

점치는 이리

이리는 점치는 습관이 있어. 먼 곳으로 사냥을 갈 때면 먼저 거꾸로 물구나무섰다가 넘어지는 방향으로 가는 거야. 잘 안 믿어지지. 이리가 점을 친다는 것도 그렇고, 그런 점이 맞는다는 것도 그렇고. 그런데 이리의 점치는 능력이 의외로 탁월하다는 거야. 이리가 사냥하러 간 곳에는 짐승이 많다는 거지. 그래서 사냥꾼이 이리를 만나면 속으로 무척 기뻐한대. 오늘 횡재했다고 말야.

이리를 보고 좋아하는 것은 사냥꾼뿐만이 아니야. 집을 짓는 장인들은 이리가 물어뜯은 흔적이 있는 나무를 기둥으로 쓰는데, 이리가 좋은 나무를 신통하게 알아서 자신의 영역표시를 하기 때문이지.

■ 난 점도 잘 쳐.
이렇게 물구나무섰다가
쓰러지는 곳으로
사냥을 가면
사냥감이 많지.

낭패

낭패라는 말 들어본 적 있지? 어떤 일을 하다가 잘 안 되어서 빼도 박도 못할 때 하는 말이잖아. 맞아! 일이 크게 잘못되었을 때 낭패를 보았다고 하는 거야. '낭' 자도 '이리 랑狼' 자고 '패' 자도 '이리 패狽' 자로, 둘 다 이리를 뜻하는 말이야. 다만 낭이리는 뒷다리가 짧고 패이리는 앞다리가 짧은 것이 다르지.

패이리는 낭이리처럼 몸을 거꾸로 물구나무서서 점을 치지 않아도 먹잇감이 있는 곳을 잘 알지만, 앞다리가 짧아서 잘 못 가. 그렇지만 낭이리가 앞에서 패이리를 업고 가면 서로 간의 단점을 없앨 수가 있지. 또 사냥을 할 때도 낭이리가 위에서 몰고 패이리는 아래에서 몰면 효율적으로 사냥할 수 있어.

본래는 이렇게 두 마리가 한 조가 되어 잘 움직이는 것을 낭패라고 했던 거야. 그런데 두 마리 중에 한 마리가 없으면 움직일 수가 없으므로, 지금 사람들은 일이 어그러지는 것을 낭패라고 해.

낭자

낭자라는 말은 '피가 낭자하게 흐르다, 소문이 낭자하다'는 등 안 좋은 뜻으로 쓰여서 이리를 잔인한 동물로 인식하게 하는 말이지. 그렇지만 본래는 '이리 랑狼, 깔 자藉'라고 해서, 말 그대로 이리가 깔아뭉갰다는 뜻일 뿐 잔인함과는 거리가 멀어.

이리가 장난을 좋아해서 눕거나 일어날 때 이리저리 뒹굴기 때문에, 밑에 깔린 풀들이 어지럽게 무늬를 이루고 더럽혀진 것을 말한 거지. 앞에서 말한 '낭패'와 더불어, 이리를 무섭고 좋지 않게 생각하는 사람들이 뜻을 변질시킨 것이야.

토끼, 늑대, 거북이의 지혜 겨루기

토끼와 늑대 그리고 거북이가 친하게 지낼 때야. 셋이 사이좋게 여행을 떠났는데, 이게 웬일이야! 길에 큼직한 떡이 하나 떨어져 있는 거야. 먹을 것을 본 순간 갑자기 욕심이 생겼어. 셋 모두 생각했지. '지금 먼 길을 와서 배가 고픈데 셋이 나누어 먹기는 너무 작잖

아. 어떻게든 따돌리고 혼자 먹어야겠다.'

늑대가 먼저 말했지. "우리 중에서 제일 높은 데 올라가 본 친구가 제일 귀하니, 이 떡을 혼자 다 먹기로 하자." 그 말이 떨어지기 무섭게 토끼가 말했어. "저기 저 앞에 보이는 높은 산 있지. 내가 거기를 올라갔었어." 그랬더니 늑대가 말했어. "내가 얼마나 높이 올라갔었는지, 내 등허리가 하늘에 닿았었다." 그랬더니 거북이가 가소롭다는 듯이 빙긋 웃으면서 천천히 말했어. "늑대야. 네 등허리가 하늘에 닿았었다고?" 늑대가 시늉까지 해보이며 대답했어. "응. 틀림없이 내 등허리가 하늘에 닿았었어." 거북이가 다시 천천히 말했어. "맞아. 그때 그게 네 등허리였구나. 내 배 밑에 푹신한 털이 와서 참 포근했었는데." 결국 거북이가 제일 높이 올라갔다는 말이지.

늑대와 거북이의 대화를 듣던 토끼가 얼른 안 되겠다 싶었는지 말했어. "야야! 그거 안 되겠다. 증거가 있어야지. 나이 많이 먹은 친구가 먹기로 하자." 그리고는 제 성질을 못 참고 바로 말했어. "내 나이 올해로 1천 살이야. 그래서 온몸의 털이 하얗게 센 거야." 그 뒤를 이어서 늑대가 못 참겠다는 듯이 말했어. "나는 이 세상이 생겨날 때 같이 생겨났다." 그랬더니 이번에는 거북이가 눈물을 줄줄 흘리면서 말하는 거야. "늑대야. 너 보니까 손자 생각난다. 그 귀엽던 내 손자가 너 날 적에 죽었어." 떡을 누가 먹었을 것 같아?

이리의 사촌 승냥이

이리의 사촌으로 승냥이가 있어. 한자로는 '승냥이 시豺'라고 쓰지. 다리는 개와 비슷하지만 조금 길고, 꼬리는 흰 편인데, 대체적인 몸 색깔은 황갈색이야. 이리보다 좀 작지만 얼핏 이리라고 해도 되는 동물이지.

  승냥이는 여럿이 힘을 합해 호랑이를 물어뜯어 잡을 정도로 용맹하고 힘이 세다고 해. 어떤 사람은 깨어있는 호랑이를 잡는 것이 아니고, 호랑이가 잠든 것을 보고 살그머니 다가와 에워싸면 호랑이가 겁을 먹고 일어나지를 못하는데, 이때 한꺼번에 덤벼들어 호랑이를 물어뜯는다고 하지. 그래서 상대방이 약한 꼴을 보이면, 여럿이 덤벼서 괴롭히고 사납게 하는 것을 '시랑(승냥이 시豺, 이리 랑狼)' 같다고 하는 것이야.

  수달이 정월에 물고기를 잡아놓고 제사 지내는 것처럼, 승냥이도 늦가을(특히 상강)이 되면 잡은 짐승들을 사방으로 늘어놓고 자기 조상님께 제사를 지내기도 하는데, 이를 '승냥이의 제사'라고 부르지. 한자로는 '승냥이 시豺, 제사 제祭, 짐승 수獸'라고 써. 수달이나 이리가 먹지도 않으면서 물고기나 짐승을 잡아 흩뿌려 놓는 것을 보고, 사람들이 제사 지낸다고 생각한 건지도 몰라.

이리와 규수

이리는 감각이 발달하고 청력이 좋으며 정열적으로 움직이는 동물이야. 영감도 뛰어나서 점도 잘 치고, 장난기도 많은데다 조상을 경배할 줄도 알고, 낭이리 패이리처럼 서로 협조도 잘하지. 또 여러 마리가 연합해서 자기보다 힘센 호랑이를 굴복시키는 용맹성과 기지도 있어.

물론 틈만 나면 먹을 것을 추구해서 쉴 새 없이 사방으로 사냥을 나가고, 먹고 또 먹는 일을 계속해서 결국 턱살이 늘어져서 잘 걷지 못하게 되는 미련함도 있어.

서방의 첫 별인 규수도 병사들을 잘 모아서 조련하는 것이 단체로 협동하며 용맹하게 싸우는 이리와 같고, 옛 선조들의 학문을 잘 정리해서 공부하는 것은 이리가 시제사를 지내며 조상을 잘 모시는 것과 유사해. 그래서 규수를 수호하는 신장으로 선택되었을 거야.

중국에서는 송나라 태조 때 규수에 목화토금수의 오성이 모여서 기운을 모으자, 정자·주자 등등 뛰어난 학자들이 태어났다고 해서, 규수를 학자의 별로 우러러보기도 해.

반짝반짝 정보마당

사자성어 & 속담

▎시랑횡도(豺狼橫道) - 승냥이와 이리가 길을 가로 막고 있음. 간악한 자가 중요한 곳에 있으면서 권력을 휘두름을 말함.

▎낭자야심(狼子野心) - 이리 새끼는 아무리 길들이려 해도, 야수의 성질을 벗어나지 못한다는 뜻.

▎이리 죽은 데 토끼 눈물만큼 - 없는 것이나 다름없는 적은 분량.(북한속담)

▎이리가 짖으니 개가 꼬리 흔든다 - 가재는 게 편과 같은 의미. 모양이나 형편이 서로 비슷한 것끼리 잘 어울리고, 사정을 봐주기 쉬움을 비유한 말.

▎이리가 양으로 될 수 없다 - 이리가 아무리 변신을 해도 양이 될 수 없다는 뜻. 나쁜 본성은 바꿀 수 없음을 비유한 말.(북한속담)

▎이리 떼 틀고 앉았던 수세미 자리 같다 - 어수선한 자리를 이르는 말.

▎The wolf changes his coat, not his disposition.(늑대는 털을 바꿔도 마음은 바꾸지 못한다) - 즉 본성을 바꿀 수는 없다는 의미.

▎Beware of a wolf in sheep's clothing.(양의 옷을 입은 늑대를 조심하라, 양의 가죽을 쓴 이리를 경계하라) - 즉 겉과 속이 다른 사람을 조심해야 한다는 의미.

교과관련

▎6학년 1학기 읽기 〈소녀와 늑대〉

: 내가 만약 〈소녀와 늑대〉 속의 주인공이라면 힐데에게 어떤 늑대이야기를 해줄까요? 본문에서 읽은 여러 가지 늑대이야기 중에서 흥미로웠던 내용을 골라봅시다.

추천장소

▎대전 오월드(구 대전동물원) http://www.oworld.kr

멸종 위기의 한국늑대를 복원하기 위해 노력하는 곳입니다. 2010년에는 한국 늑대를 복원하는 데 성공하였습니다. 늑대 사파리에서 한국 늑대를 만나볼 수 있습니다.

❷ 婁金狗

별이름 루
쇠 금
개 구

상징	백호의 엉덩이
크기	1m 10cm
운행 방위	(서서북)

영토	12°
보이는 때	10/21~11/20
해당지역	충청남도 동남부
부하별수	5(30)
힘의세기	★★★★★

의미 ▎감옥, 병사, 제물이 될 짐승을 기름. 일직선에 가까우면 논공행상이 바르게 되고, 움직이면 병란이 생기거나 감옥에 가는 사람이 많다.

루금구

루금구는 28수 중에 루수를 지키는 수호신장이야. '루'는 서방칠수 중에 루수를 가리키는 말이야. 서방은 가을에 해당하고, 가을은 결실을 얻는 계절이야. 그래서 서방칠수에는 창고도 많고 감옥도 많아. 창고는 결실을 잘 보관하는 것이고, 감옥은 잘하고 잘못한 것을 판단해서 가두는 곳이기 때문이지. 루수는 이 중에서 감옥에 해당해. '금'은 칠정 중에 금성과 관련 있다는 말이고, '구'는 '개 구' 자니까 개라는 동물로 대표된다는 뜻이야.

 루금구는 개의 머리에 사람의 몸을 하였는데, 키가 1m 10cm로 작은 편이고, 얼굴은 누렇고 검은색이야. 청색의 전포를 입었고, 황금꽃을 장식한 베로 머리를 감쌌으며, 누런색 가죽신을 신었고, 활을 무기로 삼지.

루수

루수는 제사 때 쓰일 짐승들을 기르는 역할도 해. 소를 기르는 데 소몰이 개가 필요하듯이 루수는 병사를 기르고 모으는 일을 잘해. 규수

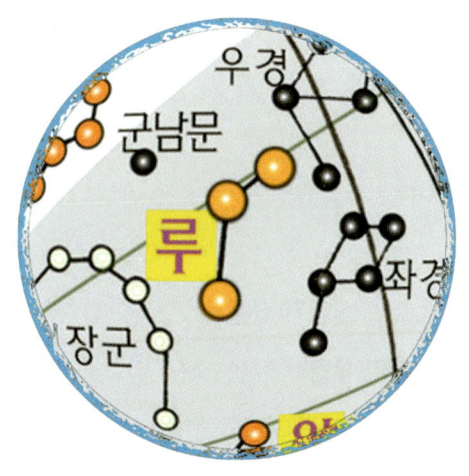

▎루수의 주변별들

가 병사를 동원해서 폭란을 평정하려면 루수가 병사를 잘 길러야 겠지.

　루수가 일직선에 가까우면 논공행상이 바르게 되고, 움직이거나 가까이 모여 있으면 병란 또는 감옥에 가는 사람이 많게 되지.

　루수를 하늘의 칼이라는 뜻에서 '하늘 천天, 칼 검劍'을 써서 천검성天劍星이라 부르고, 세 개의 별이 백호의 엉덩이를 이루고 있어.

루수의 부하별자리와 다스리는 영토

루수는 28수 중에서 12°의 영역을 다스리는 별자리야. 평균치인 13°보다 약간 모자라는 영역이지. 목장을 지키고 병사를 지키고 군량을 지키는 일이라서 부하별자리도 창고의 뜻이 많아. 계절로 치면 루수는 10월 달의 추수를 끝낸 시점에 해당하거든.

　루수 옆에 m같이 생긴 장군(**천장군**天將軍)이라는 별자리가 보이지? 이 **장군**은 루수에 딸린 관리인과 창고를 지키는 장군과 장교, 병사들을 뜻하는 별자리야. 그 밑에 루수를 사이에 두고 위쪽에 있는 **산지기**(**좌경**左更)는 산과 호수 등을 지키고, 아래에 있는 **목장관리**(**우경**右更)는 소나 말 등의 목장을 관리하는 별자리야. 그 위에 보이는 **군량창고**(**천창**天倉)는 변방의 군사를 먹이기 위한 곡식 창고이고, **야적창고**(**천유**天庾)는 추수를 마치기 전에 곡식을 들에

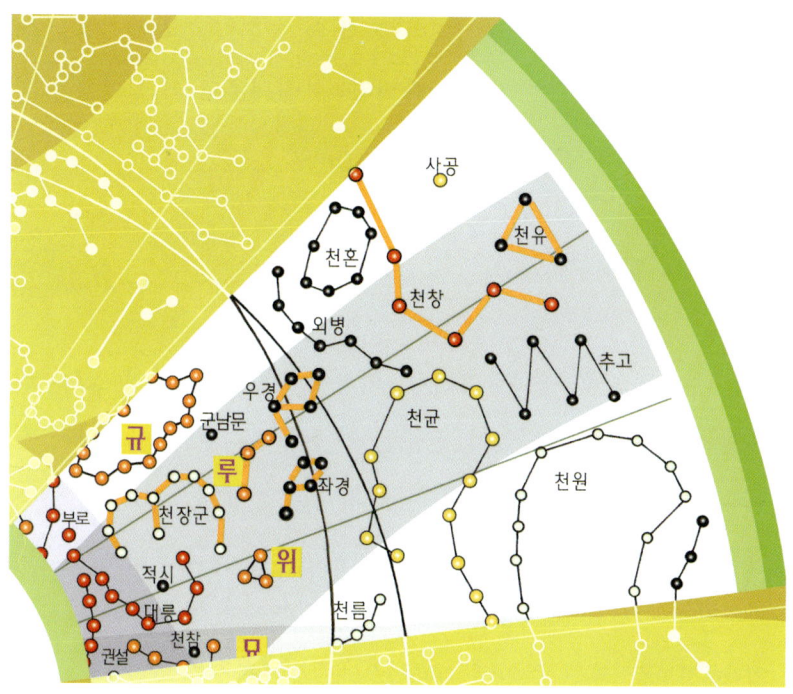

야적하는 것이지. 루수의 수호신장이 개(루금구)인 것이 이해되지? 이것저것 잘 지켜야 되잖아!

황도궁 중에는 백양궁에 속하고, 충청남도의 동남부지방에 해당하지. 그러니까 루수의 별 세 개가 일직선에 가까워지면 이 지방이 그만큼 잘 살게 되는 것이고, 움직이거나 서로

■ 루수에 해당하는 지역 : 천안, 조치원, 보은, 옥천, 횡간, 영동.

가까이 모여 있으면 해당지역이 좋지 않게 된다고 하는 거야. 어때! 이 지역에 창고를 지으면 잘되겠지? 실제로도 이 지역에는 천연가스나 석유 등의 창고가 많아.

개

개는 주인에 대한 충성심이 깊고 의리를 지킬 줄 알아서 일찍부터 사람과 생구生口가 되었어. 생구는 가족은 아니지만 한 집에서 같이 사는 하인이나 종같이 친하게 지내는 존재지.

특히 우리나라의 진돗개는 휴전선을 지키는 군견으로 팔려갔다가, 원래 주인을 찾아 산 넘고 물 건너 진도까지 돌아온 경우가 있을 정도로 본래 주인에 대한 충성도가 높아.

그래서 생후 3개월이 지나기 전에 데려다 키워야 주인이라고 인식하지, 그렇지 않으면 평생 동안 잘 해주어도 주인이 아니라고 생각해. 아무리 배가 고파도 새 주인이 주는 것을 먹지 않는 거야. 안 먹는 것은 아니고, 새 주인이 다른 곳으로 가면 몰래 와서 먹지. 새 주인한테 낯을 가리는 거야. 아무리 잘 해주어도 자기 주인이 아니라고 생각하는 거지.

마치 충신이 두 임금을 섬기지 않는 것과 같아. 먼저 주인이 착한 사람이든 나쁜 사람이든, 그런 것은 안 가려. 오직 내가 어렸을 때 인식한 그 주인을 위해 충성을 다하는 거야. 좀 맹목적이기도 하지. 어찌 보면 자기 주인이라기보다 자기 부모로 아는지도 몰라. 오리가 부화할 때 닭이 돌봐주면 그 닭이 자기 엄마인 줄 알고 쫓아다니는 것처럼.

옛 어른들은 개를 인간과 서로 통하는 영적인 동물로 보았기 때문에, 개의 행동에 따라 그 주인의 길흉을 점치기도 했어. 개가 담 위에 올라가 입을 벌리고 있으면, 악귀를 보고 놀라는 것이므로 그 쪽 방향에 있는 집에 흉한 일이 생긴다 했고, 지붕이나 담 위에 올라가 짖는 것은 주인을 데려가려는 저승사자를 보고 짖는 것이어서, 결국 그 집의 주인이 죽는다고도 하지.

또 개꼬리에 지푸라기가 묻어있으면 반가운 손님이 오고, 앞마당에서 이유 없이 짖으면 경사스런 일이 생기며, 개가 풀을 뜯어 먹으면 큰 비가 오고, 떼 지어 다니며 뒹굴면서 놀면 큰 바람이 분다고 해.

촉견폐일 걸견폐요

개가 좀 맹목적일 정도로 충성심이 강하기 때문에 생긴 말들이 있어. 그중에 대표적인 것이 "촉견폐일蜀犬吠日"이라는 말이야. '촉땅 촉, 개 견, 짖을 폐, 해 일' 즉 촉땅의 개가 해를 보고 짖는다는 뜻이지.

중국의 구석진 동네인 촉蜀땅은 해도 볼 수 없을 만큼 산이 높고

■ 저게 뭐지. 에라, 수상한 걸 보면 짖는 게 우리 개의 본능이야. 멍멍!

숲이 울창한 곳이지. 더구나 항상 비가 와서 1년 중 해 뜨는 날이 얼마 안 돼. 그러니 해가 뜨는 것을 보면 이상하다고 생각해서 마구 짖어댄다는 거지. 그래서 이 말은 정상적인 일을 보고 잘못되었다고 하는 사람을 비유하는 말이 되었어. 결국 개는 자신이 알고 있는 정보만 옳다고 여기고, 그 외의 것은 그르다고 짖어댄다는 뜻이야.

그 비슷한 예가 하나 더 있어. "걸견폐요桀犬吠堯"라는 말이 있는데, 하나라 걸桀임금은 포악한 임금이라서 나라를 빼앗긴 나쁜 임금이고, 요堯임금은 중국민족이 모두 성인이라고 하는 훌륭한 임금이야. 그런데 걸임금의 개가 요임금을 보고 수상하다고 짖는다는 거야.

다시 말해서 개는 평소와 다른 것을 보고 짖을 뿐, 그 대상이 착하고 착하지 않은 것은 상관 안한다는 뜻이지. 물론 걸임금이 요임금보다 몇 백 년 뒤의 임금이니, 걸임금의 개가 요임금을 보고 짖을 리는 없지만 말이야.

내 똥이 최고야

신라시대 지증왕은 지혜로운 노인이라는 뜻으로 지철로智哲老 또는 지탁로智度路라고도 불렸어. 6촌 형인 소지왕이 후계자 없이 죽자, 백성들이 추대해서 64세의 나이로 신라의 임금이 되어서 15년 동안이나 다스렸지. 그런데 몸이 다른 사람의 두 배가 넘을 정도로

■ 와! 정말 크다. 이 똥이면 우리 가족 모두 포식하겠다!

■ 그건 내 거라구. 아까부터 지켜보고 있었어

워낙 커서 그 나이가 되도록 배필을 못 얻고 있었대. 나라에는 임금과 왕비가 있어야 백성의 아버지 어머니가 정해지는 것인데, 왕비를 구할 수 없으니 참으로 난감한 일이었지.

그래서 신하들이 사방으로 돌아다니며 배필감을 물색하였는데, 모양부의 동로수라는 나무 밑에 이르니, 개 두 마리가 큰 북만한 똥덩어리 하나를 두고 서로 먹으려고 으르렁거리고 있는 거야. 똥이 크면 사람도 클 것이라고 생각한 신하가 똥 주인이 누구냐고 물었지. 그랬더니 동네 사람이 막 웃으면서 "모양부 상공의 딸이 여기서 빨래를 하다가 숲속에 숨어서 눈 것일 겁니다."라고 하는 거야.

동네 사람이 가르쳐준 대로 그 집을 찾아가 보니, 과연 키가 2m 20cm나 되는 큰 처녀가 있었어. 임금께 보고하자 수레를 보내 맞이했지. 그리고 임금을 맞이한 부인이라는 뜻으로 연제부인延帝夫人(또는 영제부인迎帝夫人)이라고 존칭하니, 이 분이 바로 신라의 불교를 꽃피운 법흥왕의 어머니야. 개가 찾아준 인연이라고나 할까.

■ 동네 개들이 잔치를 해도 남을 거대한 똥. 이 똥을 싼 사람은 덩치도 클 거야. 똥 주인을 찾아 우리 임금님의 배필로 삼자.

플란다스의 개

『플란다스의 개』의 한 장면이야. 아버지 어린 시절에 보던 만화영화인데, 꽤 기억에 남았지.

　어느 작은 마을에 할아버지와 함께 우유배달을 하는 네로라는 소년이 살고 있었어. 우유배달을 하고 돌아오던 길에 길가에 쓰러져 있는 개를 발견하고는 집에 데려가 돌보아 주지. 그 개가 힘을 차리고 네로와 함께 유유배달을 하게 되고, 이름은 파트라슈라고 지어 주었어.

　몸이 쇠약해진 할아버지는 몸겨 누우시고, 네로와 파트라슈는 단둘이 우유배달을 하게 돼. 네로에게는 화가가 되고 싶은 꿈이 있었어. 시간이 날 때마다 단짝 친구 아로아를 그렸지. 아로아의 아버지는 가난한 네로를 싫어했어.

그러던 어느날 네로는 어린이 그림 대회가 열린다는 것을 알게 됐어. 대회에 나가 우승을 해 상금을 받아 할아버지께 약을 사드리겠다고 마음먹지. 네로는 대회에 그림을 내고 집으로 돌아오다 길에 떨어져 있는 인형을 아로아에게 선물했어.

하필 그날 아로아네 집에 불이 나고 아로아의 아버지는 네로가 준 인형 때문에 불이 났다고 네로를 몰아붙였지. 다음날 우유를 모으러 갔지만, 아로아의 아버지 때문에 더 이상 일을 할 수 없었어.

결국 할아버지는 숨을 거두고, 게다가 밀린 집세를 못 내서 집에서 쫓겨나고, 네로의 그림도 당선되지 못했지. 교회에 간 네로는 그렇게 보고 싶어하던 루벤스의 그림 2점을 보게 되고, 파트라슈와 함께 죽게 돼. 묵묵히 주인공 네로를 따라다니며 친구 해 주던 파트라슈. 이 모습이 아버지가 느낀 개의 모습이 아닐까 생각해.

개와 루수

오랜 옛날부터 개는 사람과 아주 친숙한 동물이야. 사람을 잘 따르고, 자기를 길러주는 주인을 위해서 충성을 다하는 동물이지. 다만 그 주인이 좋은지 나쁜지는 가리지 않고 맹목적인 충성을 하는 것이 장점이자 단점이기도 해. 개는 자기가 거처하는 집을 잘 지킨다는 점에서, 루수가 감옥을 지키고 희생에 쓸 동물을 지키는 역할을 하는 것과 닮은 점이 있어. 루수가 병사들을 기르고 조련하는 일을 하는데, 개가 자기 주인 말만 듣듯이 병사들도 자기의 상관 명령만 따르잖아! 바로 그런 점이 루수의 수호신장으로 선택되었을 거야.

반짝반짝 정보마당

사자성어 & 속담

- 묘호류견(描虎類犬) - 호랑이를 그리려다 실패해서 개를 그렸다. 높은 뜻을 갖고 어떤 일을 성취하려다가 중도에 포기함.
- 개도 닷새가 되면 주인을 안다 - 짐승인 개도 자기를 돌봐주는 주인은 안다는 뜻. 남의 은덕을 모르는 배은망덕한 사람을 꾸짖는 말.
- 앞에서 꼬리치는 개가 뒤에서 발꿈치 문다 - 앞에서는 좋은 말만 하고 살살 비위를 맞추지만 보이지 않는 데서는 험담을 하는 걸 비유한 말. 또는 은혜를 갚기는커녕 도리어 배반하는 것을 비유한 것.
- 똥 묻은 개가 겨 묻은 개 나무란다 - 자기의 큰 흉은 모르고 남의 작은 흉을 본다는 뜻.
- 개꼬리 3년 두어도 황모(족제비 꼬리털) 못 된다 - 아무리 잘나도 사람보다 못하다.
- 개 팔자가 상팔자 - 놀고 있는 개가 부럽다는 뜻. 일이 분주하거나 고생스러울 때 넋두리로 하는 말.
- Let sleeping dogs lie.(잠자는 개를 깨우지 말라) - 긁어 부스럼 만들지 말라와 같은 속담. 공연히 일거리를 만들지 말라는 의미.

교과관련

- 초등학교 6학년 1학기 말하기·듣기·쓰기 〈동주의 개〉
중학교 2학년 1학기 국어 〈슬견설〉
: 충직하고 친숙한 동물 개를 과연 인간은 함부로 대해도 되는 것일까요? 〈슬견설〉 속 나와 손님의 생각을 자신의 생각과 비교해보세요.

참고도서

- 플랜더스의 개 위다 글 | 노은정 옮김 | 비룡소
프랑스계 영국 작가 위다가 1872년에 발표한 〈플랜더스의 개〉를 완역한 책입니다. 충직한 개 파트라슈와 고아 소년 네로 사이의 우정을 냉정한 당대 현실과 함께 그려냅니다.

유방의 세 동물
위토치 묘일계 필월오

동방	진	각 항
	묘	저 방 심
	인	미 기
북방	축	두 우
	자	여 허 위
	해	실 벽
서방	술	규 루
	유	위 묘 필
	신	자 삼
남방	미	정 귀
	오	류 성 장
	사	익 진

유방은 위수, 묘수, 필수의 세 동물이 맡는 거야.
유시(저녁 5시~7시)는 저녁이 되고, 유월(음력 8월, 양력 9월)은 가을의 중심이지. 저녁이 되면 사람들은 하루의 일을 접고 집으로 들어가고, 유월이 되면 추수를 마치고 곡식을 곳간에 잘 저장해 둬. 이때가 되면 극성을 부리던 풀도 시들게 되고, 과일은 자라는 것을 멈추고 안으로 자신을 숙성시킴으로써 단맛을 얻게 되지. 옛 어른들이 숙살지기肅殺之氣라 하는 서늘하고 오싹하기도 한 기운을 맞으면서 겪는 과정이야.

너희들도 낮에 신나게 놀다가, 저녁이 되면 집으로 들어가서 씻고 잠을 자잖아. 낮에 해가 떠서 밝을 때는 정신없이 놀지만, 해가 뉘엿뉘엿 기울고 서늘해지면 집으로 들어가야겠다는 생각이 들지.

숙살지기란 바로 그런 기운이야.

이렇게 겉으로 성장하는 것을 멈추고 자신을 반성하게 하는 기운이 방위로는 유방에서 발생하고, 때로는 유시, 유월에서 발생하는 거야.

이 유방을 위수, 묘수, 필수의 세 별이 맡는데, 위수에는 꿩이 배당되고, 묘수에는 닭이 배당되고, 필수에는 까마귀가 배당되지. 꿩이나 닭은 잘 날지도 못하고, 조류치고는 좀 뚱뚱한 편이야. 그런데 까마귀는 이 두 동물하고는 좀 다르게 생겼어. 색깔부터 까맣잖아?

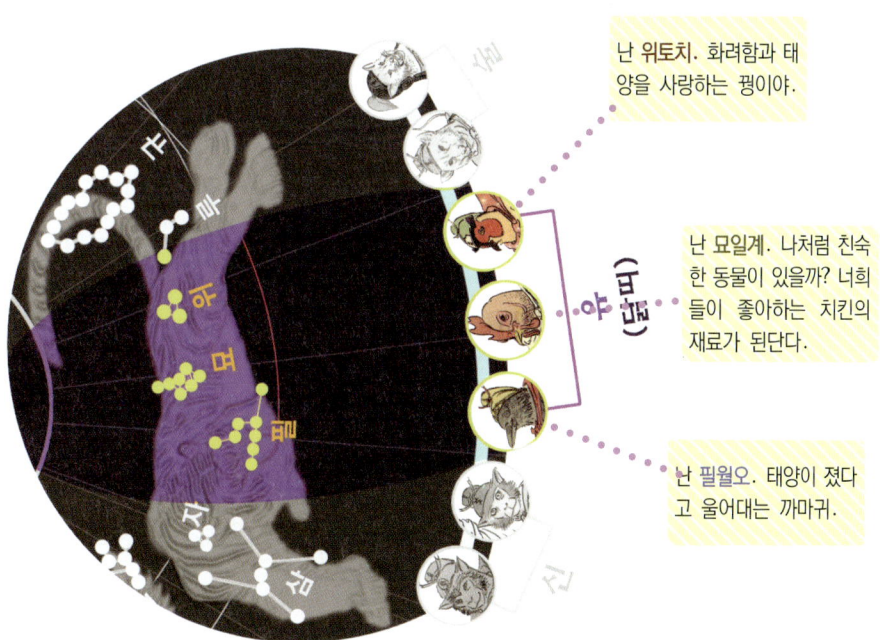

그런데 옛 어른들은 닭과 꿩은 속성질은 숨기를 좋아하지만 겉으로 나온 모습은 밝고 화려하다고 했고, 까마귀는 겉은 까맣지만 실은 태양의 정기를 많이 받은 동물이기 때문에 속마음은 따뜻하다고 했지. 태양 속에 산다는 전설의 새 삼족오三足烏도 사실은 까마귀를 말하는 것이야.

그래서 닭과 꿩은 밤이 되면 숨었다가 새벽이 되자마자 태양의 기운을 환영한다고 울어대는 것이고, 까마귀는 아침이 되면 잠잠하게 숨었다가 저녁이 되면 태양이 졌다고 울어대는 것이지. 한 가지 공통점이 있다면 셋 다 기억력이 별로라는 거야.

▌삼족오

사실 유시(저녁 5시~7시)는 묘시(아침 5시~7시)와 마찬가지로 어둡기도 하고 밝기도 한 시간이야. 그래서 이렇게 겉모습은 화려하고 속모습은 소심한 이중적인 동물들이 책임을 진 것이야.

닭해에 태어난 사람들은 꿩이나 닭 그리고 까마귀의 특성이 많다고 보면 돼. 특히 1~4월생은 꿩, 5~8월생은 닭, 9~12월생은 까마귀의 특성이 많지.

❸ 胃 土 雉
밥통 위 / 흙 토 / 꿩 치

상징	백호의 허벅지
크기	92cm
운행 방위	酉(서)

영토	14°
보이는 때	11/3~12/3
해당지역	평안도 동부
부하별수	6(36)
힘의세기	★★★

의미 ▌주방 창고, 오곡의 창고. 밝거나 다른 별들이 모여들면 곡식창고가 풍성해지고, 별이 없으면 곡식을 사방에 베풀 일이 생긴다.

위토치

위토치는 28수 중에 위수를 수호하는 신장이야. '위' 자는 서방백호칠수 중에 세 번째 별자리인 위수라는 뜻으로 백호의 허벅지에 해당하지.

위수는 주방 창고라는 뜻을 갖고 있어. 그래 맞아. '위' 자가 밥통 또는 동물의 위를 뜻하는 글자야. '토'는 칠정 중에 토성의 정기를 받았다는 말이고, '치'는 '꿩 치' 자니까 꿩이라는 동물로 대표된다는 뜻이야.

위토치는 꿩의 머리에 사람의 몸을 하였는데, 키가 92cm로 작은 편이고, 얼굴은 팥배나무색(산앵두나무) 열매같이 자주빛이야. 황금꽃으로 장식한 누런색 베로 된 전투복을 입었으며, 타원형의 작은 백금을 주렁주렁 매달았으며, 윤이 나는 검은색 신을 신고, 손에는 삼첨도를 잡아서 한껏 멋을 내고 있지.

위수

위수의 삼각형 모양이 창고처럼 생겼지? 거긴 주방창고야. 오곡을 저장해두지. 이 별이 밝거

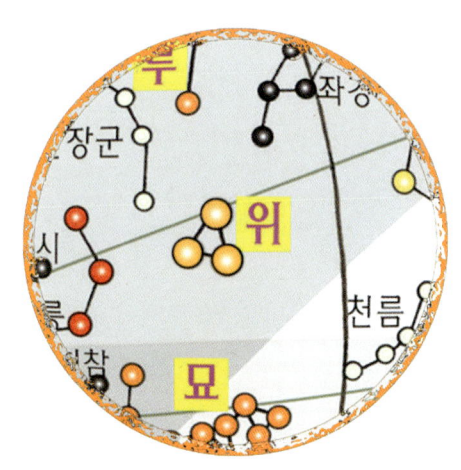
■ 위수와 주변별들

나 주변에 별이 많아지면 천하는 편안해지고 창고는 가득 차게 돼.

그렇지만 위수가 밝지 않고 주변에 별들이 보이지 않으면 백성들이 먹을 것을 찾아 떠돌아다니게 되는 거지.

위수를 바른 말을 잘하는 별이라 해서 '간할 간諫' 자와 '벼슬 관官'을 써서 간관성諫官星이라 불러.

위수의 부하별자리와 다스리는 영토
위수는 28수의 평균 영역보다 조금 많은 14°를 다스리는 별자리야. 루수보다 좀 더 영역이 큰 것은, 단순히 지키는 것에서 그치지 않고 운반하는 역할도 같이하기 때문이야.

배(천선天船**)**는 수로를 이용하여 곡식을 운반하는 역할이고, 그 안에 있는 **저수지(적수**積水**)**는 홍수 등 물로 인한 재앙을 주관해. 왜 물부터 있냐고? 사실은 **배**나 **저수지**가 있는 곳이 은하수에 해당하기 때문이야. 은하수를 건너려면 다리가 있거나 배가 있어야 하거든. **저수지**는 은하수 중에서도 좀 깊은 곳에 해당하는 거지.

왕릉(대릉大陵**)**은 능이나 큰 산소 등을 주관하는 별로 풍년 들기를 원하면 조상님을 잘 모셔야 된다는 거지. **왕릉** 안에 있는 **공동묘지(적시**積尸**)**는 '쌓을 적' 자에 '주검 시'를 쓰니까 흉년이 들어 굶어 죽거나 전염병이 돌아 여러 사람이 죽는 것을 주관하는 별이야. **배**나 **왕릉**은 붉은색으로 잘 보이는 별자리이고, **저수지**와 **공동묘지**는 검은색 별로 잘 안 보이는데, 감추어야 될 장소이기 때문이야.

그 밑에 있는 **저장창고**(**천름**天廩)는 제사 때 쓸 일등품 곡식을 저장하는 창고이고, **곡식창고**(**천균**天囷)는 주로 나라의 곡식창고를 주관해. 그러니까 가을에 추수한 곡식을 **저장창고**나 **곡식창고**에 잘 보관했다가, **왕릉**과 **공동묘지**에서 먼저 조상님에 대해 감사의 제사를 지내고, **배**를 이용해서 **저수지**와 은하수를 건너 자미원의 임금님께 바치는 것이지. 위수의 '위'도 사람이나 동물의 위장을 뜻하는 글자로, 먹은 것을 저장하고 소화시킨다는 뜻이 있어.

황도궁 중에는 금우궁에 속하고, 평안도의 동부지역에 해당해.

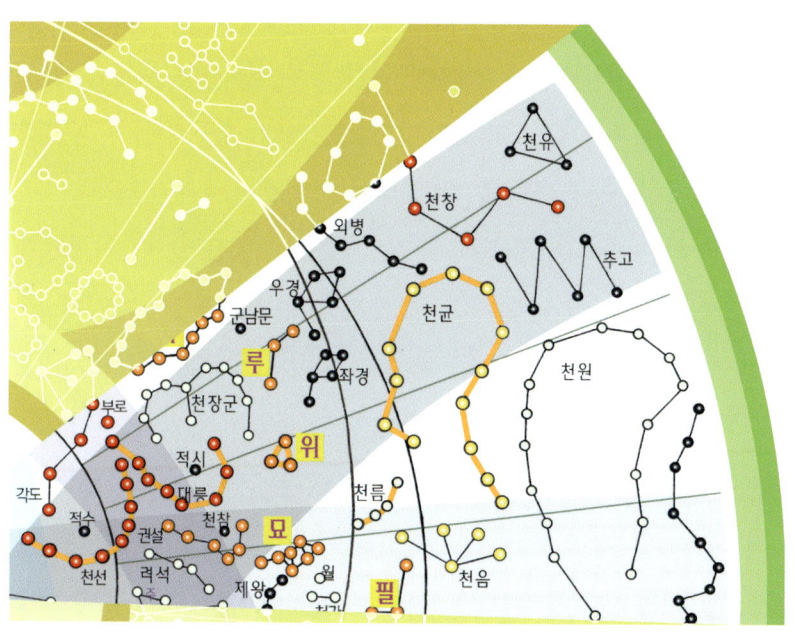

그러니까 위수가 밝거나 다른 별들이 모여들면 평안도의 동부지방이 그만큼 잘살게 되는 것이고, 빛이 흐려지거나 제대로 모습을 갖추지 않으면 평안도의 동부지방이 좋지 않게 된다고 하지.

■ 위수에 해당하는 지역 : 중강진, 강계, 자성, 후창, 희천, 영변, 운산, 초산, 벽동.

장끼 까투리

우리나라에서는 수꿩을 장끼, 암꿩을 까투리라고 불러. 몇몇 섬을 제외하고는 전국 곳곳에 없는 곳 없이 고루 퍼져있는 새지. 식물성 먹이를 주로 먹는데다, 거미를 비롯해서 조개, 개구리 등등 동물성 먹이도 잘 먹으니 어디에 간들 먹이가 없겠어?

꿩은 다른 새에 비해 몸이 무겁기 때문에, 처음 날 때 비행기가 활주로를 달리다가 날듯이 2~3m를 뛰어야 비로소 날 수 있어. 그것도 멀리 날지도 못하고 낮게 10m 정도 날다가는 멈춰 서지.

다리는 잘 발달되었지만 날개가 짧고 둥글어서 땅을 이리저리 헤집으며 사는 닭과 비슷해. 꿩을 한자로는 '치雉'라고 하는데, 이 '치' 자가 한나라를 세운 고조(유방)의 아내이자, 고조가 죽은 뒤 철권정치를 편 여태후(여치呂雉)의 이름자와 똑같아. 그래서 중국에서는 이 '치'라는 글자를 자기네 황후 이름이라고 잘 쓰지 않고, 화려한 새라는 뜻에서 화충華蟲으로 부르거나, 야생으로 사는 닭이란 뜻으로 야계野鷄라고 부르지.

우리나라에서도 고구려 천문도, 이를테면 천상열차분야지도에 '야계'라는 별이름이 보여. 고구려 천문도에서부터 '야계'라고 했는지, 조선초에 수정할 때 '치'를 '야계'라고 고쳤는지는 확실하지 않아. 아마 여태후의 이름도 이름이지만 꿩이 잘 날지도 못하고 땅에서만 잘 뛰어다니는 것이

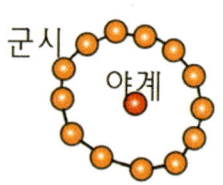

■ 야계는 한 개의 붉은 별인데, 군시라는 별 안에 있고, 주로 괴이하고 신비한 일을 맡는대.

닭처럼 보였기 때문일 거야. 아! 꿩이란 이름은 '꾸엉꾸엉' 하면서 울기 때문에 꿩이라고 한 거야.

눈 주위에 붉은 피부가 있는데, 봄이 되면 크게 팽창하여 암컷을 유혹하지. 아무려면 암컷이 그런 것을 좋아하겠냐? 우리 입장에서 보면 안 되지. 닭의 벼슬이 크고 붉을수록 무리에서 힘을 쓰듯이, 꿩도 이 부분이 커야 암컷으로부터 대접을 받는 거야. 사람도 지위가 높으면 대접을 받잖아. 옛날에는 지위를 벼슬이라고 했어.

수꿩의 꼬리는 매우 길어서 몸 전체의 반이나 돼. 이것도 암컷을 유혹하는 데 무척 중요해. 그러다 보니 자꾸 길게 진화하는 거야. 실제로 생활을 할 때는 꼬리 때문에 불편할 텐데도 말이야. 숲속에

사는데 꼬리가 길면 걸리적거리고, 또 천적에게 들키기도 쉽잖아!

꿩 중에 큰 것이 긴 꽁지 꿩(교雉)인데, 꼬리가 1m 30cm나 된다고 해. 꼬리가 길면 힘도 세고 그만큼 인기도 높아. 도사들이 건강을 위해 하는 도인법에 교식법(鷮息法:고개를 숙이고 숨을 길게 쉬는 법)이 있는데, 이게 바로 긴 꽁지 꿩이 숨 쉬는 방법이야. 꿩이 이렇게 숨을 쉬면서 나이가 들면, 차츰 정기를 쌓게 되어 자유자재로 변화를 한다고 해. 『봉신방』이란 책에도 꿩이 오랫동안 수련해서 사람으로 변신한 도사가 나오잖아. 아마도 그 도사는 교식법을 오래해서 신선이 된 사람일 거야.

■ 궁중대례복으로 사용한 적의(꿩을 수놓은 옷)인데, 꿩을 암수로 수를 놓았대. 꿩은 좋은 일이 많이 생길 것을 암시하고, 새끼를 아끼는 본능이 강하기 때문에 왕비의 상징물로 사용한 거지.

■ 가을날 단풍나무 아래에 앉은 꿩 부부를 수를 놓아 표현한 작품이야. 무척 다정해 보이지. 금슬 좋고 자식 많이 낳기를 바라는 작품이지. "이봐! 내 꼬리를 봐야지. 이렇게 긴 꼬리는 정말 보기 드문 명품이라고!"

꿩 숨기

꿩의 특성을 가장 잘 나타내는 말이 있어. "꿩은 급할 때 머리만 감춘다"는 속담인데, 그저 땅이나 검불속에다 머리를 파묻고는 "내가 안 보이니까 남들도 나를 못 보겠지." 하는 거지.

저만 안 보이면 뭐하나? 그 긴 꼬리가 나와서 어디 숨었는지 다 보이는데. 그래도 그저 머리만 감추면서, 자기가 못 보면 상대도 못 본다고 생각하는 거야. 미련하다고 볼 수도 있지만, 한편으론 참 순박한 거지.

꿩 대신 닭

또 옛날 공부방인 서당에서 책을 다 떼면 책거리를 하는데, 이때 선생님께 고맙다는 표시로 꿩을 바치지. 정 꿩이 없을 때는 닭으로 대신하기 때문에, "꿩 대신 닭"이라는 말이 생겼어.

꿩고기는 보들보들하면서 아주 연해. 그래서 회로도 먹고 구워서도 먹는데, 꿩고기를 소로 만들어 만두를 해서 먹는 것도 일품이야. 그리고 어육장, 완자탕, 화채, 찜 등등의 원료로도 쓰이니, 책거리 하는 날은 평소 못 먹어보던 꿩고기를 먹을 수 있는 신나는 날이지.

꿩고기는 약간 신맛이 있는데 바로 그 신맛이 설사를 그치게 하고, 회충을 몰아내기도 해. 그렇지만 회충을 몰아낼 정도로 독성도 있기 때문에 너무 많이 먹는 것은 좋지 않아.

기록에는 신라의 무열왕(김춘추)이 하루에 쌀 서 말의 밥과 꿩 아홉 마리를 먹었고, 백제를 멸한 뒤에는 여섯 말의 밥과 꿩 열 마리에 술 여섯 말을 먹었다고 해. 정말 많이 먹지? 골품제도 덕분에 덩치가 무척 컸나봐. 왜 유전인자가 비슷한 사람끼리 결혼하면 아주 큰 거인도 나오고, 아주 작은 소인도 나오잖아?

● 골품제란 신라시대 신분 제도야. 왕족은 골제로 귀족과 일반백성은 두품제로 구분했지. 순도 높은 골품을 유지하기 위해서 사촌끼리도 결혼했어. 이는 관직 진출은 물론 혼인, 의복·가옥·수레 등의 규모와 장식 등 신라시대 생활 전반에 걸쳐 지대한 영향을 미쳤지.

은혜 갚은 꿩

치악산 상원사에서 있었던 이야기야.

평소에 꿩은 풀숲에서 자는데, 비나 눈이 올 것 같은 날은 나무 위에서 자는 습관이 있어. 그날도 비가 올 것 같아서 나무에서 자려고 하는데, 구렁이가 둥지를 습격해서 새끼들을 잡아먹으려 하는 거야. 그때 마침 길을 가던 한량이 불쌍히 여겨 활을 쏴서 구렁이를 죽이고 꿩 일가족을 구해줬지.

그 뒤 죽은 구렁이의 아내가 한량에게 복수를 하려고 어여쁜 여자로 변신해 대접을 잘한 다음, 밤에 곤히 잠든 사이 그 사람의 몸을 감고 조여 왔어. 숨이 막혀오자 깜짝 놀란 한량이 번쩍 눈을 떴어. 구렁이가 말했어. "우리가 꿩을 잡아먹는 것은 살기 위해 당연한 것인데, 너는 자연의 법칙을 어기고 내 서방을 죽였다. 우리 부부는 둘이 함께 용이 되자고 약속하고 수도정진하던 길인데 너 때문에 다 망치게 되었어. 그러니 나에게 죽어 내가 서방님의 복수를 하게 해다오."

그러자 한량이 부처님의 자비를 생각해서 살려달라고 했어. 그 말에 구렁이가 비웃으면서 만약 지금 당장 상원사의 종이 울리면 살려주겠다고 하였지. 그렇게 되면 부처님이 있다는 사실도 믿고, 또 자신의 남편 구렁이가 극락왕생하는 것으로 알겠다고 하면서.

> ● 한량이 뭐예요?
> 장군이 되려고 무과시험을 준비하는 사람이야. 무과급제가 어려워서 재수 삼수하거나, 무과시험 준비한답시고 노는 사람들 때문에, 나중에는 특별한 직업 없이 그냥 놀고 지내는 사람을 한량이라고 했어. 그런데 이 사람은 활을 잘 쏘았으니, 참말로 무과를 준비하던 사람이었던가 봐.

그렇지만 한밤중에 누가 종을 울리겠어. 더구나 그때 치악산 상원사는 첩첩산중에 있는 스님도 없는 폐절이었는데. 그래서 꼼짝없이 죽게 되었다고 생각했지. 그런데 멀리서 종소리가 '뎅' 하고 울리는 거야. 한량과 구렁이 모두 귀를 의심하고 있는데, 한 번 더 '뎅' 하고 종이 울리는 거야. 그 소리를 들은 구렁이는 마음속으로부터 묘한 전율이 오는 것을 느꼈어. 그래서 한량을 조였던 몸을 스르르 풀고는 어디론가 사라졌지.

한량도 정신을 차려서 종소리가 나는 곳을 찾아보니, 거미줄밖에 없는 종 밑에 장끼 한 마리가 머리가 터진 채 피를 흘리고 죽어 있고, 그 옆에 까투리와 새끼들이 발을 동동대며 우는 거야. 전날 낮에 살려준 장끼가 은혜를 갚으려고 머리를 부딪쳐 종을 울렸던 거지.

한참을 고개를 주억거리며 보고 있던 한량이 무언가 크게 깨달았지. 은혜 갚음, 인연의 끈, 부처님! 그저 꿩이 불쌍해서 구해준 것뿐인데, 구렁이는 자기 남편의 복수를 하겠다고 자신을 죽이려 했고, 꿩은 은혜를 갚으려고 제 목숨을 바쳤고, 꿩의 가족들은 울고 있고. 이 첩첩 산중에서 하루 만에 일어난 일치고는 너무 대단한 감동과 깨달음으로 전해진 거야.

● 주억거리다?
고개를 앞뒤로 천천히 끄덕이는 것인데, 작은 말로 조악거리다도 있어. 이 말은 고개를 까딱이다 정도로 쓰여.

그래서 과거시험을 봐서 장군이 되려던 꿈을 접고, 그 자리에 절을 다시 짓고 스님이 되었다지. 이 스님이 신라시대 유명한 무착

無着스님이고, 산 이름도 꿩산이라는 뜻으로 치악산으로 고쳤어. 또 그날 밤 종소리를 듣고 묘한 전율을 느껴 깨달음을 얻은 뱀이 용이 되어 스님을 태우고 다녔다고 전해져.

전해지는 꿩 이야기

꿩은 지진이나 자연재앙에 민감하므로, 꿩이 몹시 울면 지진이 난다고 해. 또 꿩의 생김새가 봉황과 비슷하고 화려하므로, 정원으로 꿩이 날아들면 좋은 일이 생긴다고 좋아하지.

예로부터 "정치를 잘하면 흰 꿩이 나타난다"는 말이 전해져서, 흰 꿩을 바치고 벼슬을 얻는 경우도 많았어.

꿩은 은혜를 갚는 새로도 유명해. 어떤 여인이 사냥꾼에게 쫓기는 꿩을 구해줬더니, 꿩이 좋은 묘터를 가르쳐주어서 부자가 되었고, 그래서 그 후손은 꿩고기를 안 먹는다는 이야기도 있지.

또 함경북도 경성에는 김경서 장군이 눈 위에 나타난 꿩 발자국을 따라 쌓았다는 치성雉城이 있어. 그런 것을 보면 꿩이 풍수지리에도 밝았나봐. 묘터도 봐주고 성터도 봐주었으니 말이지.

이밖에 콩에 눈이 어두워 암꿩이 극구 말리는데도 독이 든 콩을 먹고 죽은 장끼 이야기를 적은 『장끼전』도 있어.

■ 꿩, 닭, 원숭이를 그린 민화. 서방칠수를 모아 놓은 것 같네.

위수와 꿩

묘터와 성터를 봐준 것을 보면 꿩은 좋은 땅을 고를 줄 아는 신통함도 있고, 아내와 자식에 대한 사랑도 남달라. 더구나 자기를 살려준 사람을 위해 목숨을 바치는 의리도 있어. 반면에 급하면 머리만 숨는 바보 같은 면도 있고, 까투리가 말리는데도 불구하고 기어이 콩 한 알을 집어먹다가 죽는 고집스런 허영기도 있는 그런 동물이야.

이런 점이 먹이를 먹고 소화시키는 동물의 위에 해당하고, 곡식을 저장하는 창고의 뜻이 있는 위수와 연결되는 거야. 급할 때는 꼬리가 보여도 머리만이라도 감추어야 하고, 한 알의 콩이라도 더 내 창고에 넣어야 하는데, 꿩은 풍수에도 밝잖아! 창고의 터가 좋아야 부자가 되고 오래 갈 수 있지.

반짝반짝 정보마당

사자성어 & 속담

- 봄 꿩이 제 바람에 놀란다 – 자기가 한 일에 자기가 놀라는 경우.
- 꿩 새끼 제 길로 찾아든다 – 남의 자식 애써 키워봤자 결국엔 자기를 낳아준 부모를 찾아간다는 말.
- 잡은 꿩 놓아주고 나는 꿩 잡자고 한다 – 쉬운 일 놓아두고 어려운 일 한다.
- 꿩 잡는 것이 매 – 어찌 되었든 능력이 있는 것이 최고.
- 꿩 구워먹은 소식 – 아무 소식이 없음.
- 꿩 먹고 알 먹는다 – 두 가지 이익을 모두 얻음.
- 서울 까투리 – 사교적이고 세련된 여자.
- 꿩 대신 닭, 꿩의 병아리 – 약삭빨라 행동이 민첩한 사람.
- 봄꿩이 스스로 운다 – 이익을 구하려고 자신의 위험을 무릅쓴다.

교과관련

- 6학년 1학기 읽기 〈장끼와 까투리〉
  : 까투리의 말을 듣지 않다 결국 죽게 된 장끼와 본문에 그려진 꿩의 성격을 비교해보세요.

참고도서 & 사이트

- 장끼전 (판화와 만난 우리고전 2) 김기민 글 | 해와나무
  꿩을 주인공으로 한 고전 소설 〈장끼전〉. 아내인 까투리의 말을 듣지 않고 제 멋대로 행동하다 덫에 걸려 목숨까지 잃게 되는 장끼와 남편을 잃고 난 뒤 새로운 삶을 선택하는 까투리의 이야기를 통해 옛 사람들의 생각과 생활 방식을 알 수 있습니다.

❹ 昴 日 雞
별자리 묘
날 일
닭 계

상징	백호의 등
크기	2m 10cm
운행 방위	◯ 酉(서)
영토	11°
보이는 때	11/15~12/15
해당지역	평안북도 서부지역
부하별수	8(40)
힘의세기	★★★★

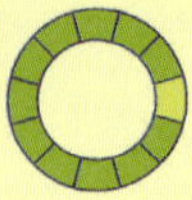

의미 | 정보망, 서쪽. 감옥과 죽음을 주관. 밝으면 평안하고, 어둡고 작으면 아첨이 성행해서 충신이 죽고 적군이 병란을 일으킨다.

묘일계

묘일계는 28수 중에 묘수의 수호신장이야. '묘'는 서방백호칠수 중 한가운데에 있는 묘수라는 별자리를 뜻하는데, 묘수는 서방백호의 등에 해당하지. 묘수는 일곱 개의 별이 다닥다닥 붙어 있어서 좀생이 별이라고도 해. '일'은 칠정 중에 해의 정기를 받았다는 말이고, '계'는 닭으로 상징된다는 뜻이야.

묘일계는 닭의 머리에 사람의 몸을 하였는데, 의외로 키가 2m 10cm나 되고, 얼굴은 자주색이야. 붉은 면으로 된 전포를 입었고, 검은색으로 윤이 나게 머리를 둘렀으며, 푸른색 가죽신을 신었고, 손에 삼지창을 잡은 우아한 모습이지.

묘수

우리의 조상님들은 음력 2월 초순에 좀생이별(묘수)을 보아 1년 동안의 농사일과 재수를 점치는 '좀생이 보기'를 해왔어. 좀생이별과 달이 가까이 있으면 길하다고 했고, 멀리 떨어져

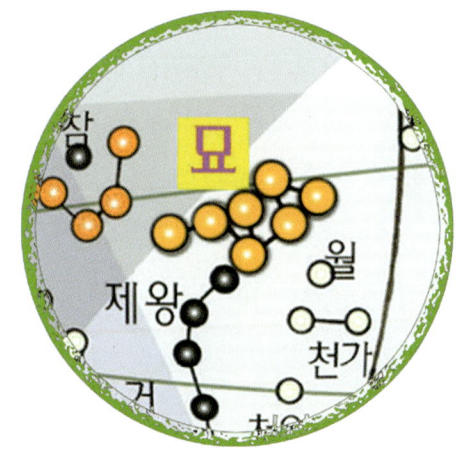

■ 묘수와 주변별들

있으면 흉하다고 본 거지. 묘수는 창고라기보다는 창고에 들어갈 것인지 뺄 것인지를 판단하는 별이야. 그러니까 죄가 있어서 감옥에 넣을 것인지 아닌지를 판별하는 것이고, 전쟁이 일어나 창고의 재물을 많이 쓰게 될 것인지 아닌지를 분별하는 것이지.

묘수를 번화한 거리처럼 반짝반짝 빛난다고 해서 '도성 도都'를 써서 천도성天都星이라 불러. 일곱 개의 별로 이루어졌는데 백호의 등 한가운데에 해당하지.

묘수의 부하별자리와 다스리는 영토

묘수는 28수의 평균영역보다 조금 모자라는 11°를 맡아 다스리는 별자리야.

칼이나 창의 날을 가는 **숫돌(려석**礪石), 아부하고 속이는 말로 참소하고 이간질하는 **구부러진 혀(권설**卷舌)와 **참소(천참**天讒), 여자나 소인들이 아부하는 것을 관리하는 **아부(천아**天阿 또는 **천하**天河)와 **달(월**月), 계략을 꾸며서 나쁜 짓을 하는 것을 방비하는 **음모(천음**天陰), 이렇게 주로 아부하고 참소하고 계략을 꾸미는 별자리들이 묘수를 둘러싸고 있어.

왜 그럴까? 9월 달에는 추수를 막 끝내거나 추수를 하려는 때야. 먹을 게 풍부하니, 서로 많이 가지겠다고 다투는 거지. 농사를 같이 지은 사람뿐만 아니라, 그것을 빼앗아 먹겠다고 하는 이웃 국가

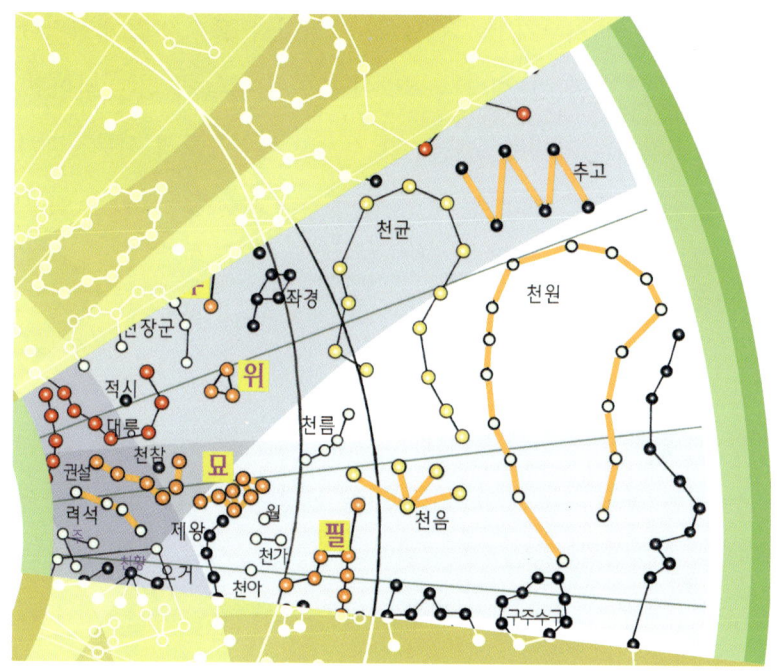

들까지 있어서 보통 난리가 아니야.

그 밑에 있는 두 별자리는 바로 이런 다툼의 대상이야. 말과 소의 먹이인 **꼴**(**추고**芻藁), 임금님의 동산에서 새와 짐승을 기르는 **놀이동산**(**천원**天苑) 등이 탐낼 만한 재물인 거지.

황도궁으로는 금우궁에 속하

▪ 묘수에 해당하는 지역 : 창성, 삭주, 구성, 의주, 신의주, 용암포, 태천, 정주, 박천.

고, 평안북도의 서부지방에 해당해. 그러니까 묘수가 또렷하거나 빛이 잘 나면 평안북도의 서부지방이 그만큼 잘살게 되는 것이고, 빛이 흐려지거나 제대로 모습을 안 갖추면 평안북도의 서부지방이 좋지 않게 된다고 하지.

닭

닭은 머리에 난 붉은 벼슬이 아주 멋있어. 또 날개는 있지만 제대로 날지는 못해. 기껏해야 2~3미터를 날 뿐이야. 그 대신 튼튼한 다리를 갖고 있지. 주로 작은 씨앗이나 풀, 잎사귀, 벌레를 먹고, 개구리나 새앙쥐 같은 작은 동물도 먹는 잡식 동물로, 튼튼한 다리를 이용하여 부지런히 땅을 후벼파기도 하고 부리로 낚아채기도 하면서 쉴 새 없이 먹어대는 척을 해.

 닭은 본래 나무 위에서 잠을 자던 동물이야. 그래서 시골에서는 횃대라고 하여 선반 같은 것을 매달고 거기에 짚을 넣어서 나무에서 자는 것처럼 만들어 주지.

 닭머리에 난 붉은 술을 닭벼슬이라고 하는데, 닭이 "붉은 벼슬에서 힘이 나오고 불이 나온다"고 다른 동물들을 을러대서 동물의 왕노릇을 하다가 들켰다는 설화가 전할 정도로, 닭벼슬은 권위의 상징이야. 닭이 싸울 때도 제일 먼저 노리는 것이 상대방의 벼슬이야. 벼슬에서 피가 나면 힘이 빠져서 지게 되거든. 일본에서는 상투를 높고 크게 튼 사람일수록 지위가 높은 사람이었고, 우리나라에서도 궁궐의 상궁들이 머리에 빨간색의 벼슬을 달았는데, 그 벼슬이 클수록 지위가 높았지.

닭벼슬이 높고 낮음을 가리는 잣대가 되었기 때문에, 호남지방에서는 며느리가 닭머리를 먹으면 드세져서 시어머니의 눈 밖에 난다고 하며, 경기지방에서는 여자가 닭의 목이나 발을 먹으면 그릇을 깬다고 경계했어.

닭의 다섯 가지 덕

닭에는 다섯 가지 덕이 있다고 해. 무슨 이야기냐고?

옛날옛날에 마당에서 한가로이 쌀 낟알을 쪼아 먹고 있는 닭에게 황소가 따져 물었어. "나는 매일 뙤약볕 아래서 땀을 뻘뻘 흘리며 농사를 짓기도 하고 또 무거운 짐을 나르기도 하지만, 겨우 콩껍데기나 마른 짚풀을 먹는데, 너는 하루종일 놀면서도 맛있는 쌀알만 먹으니 도대체 어찌된 일이지?"

그러자 모이를 쪼아 먹던 닭이 황소를 쳐다보면서 말했어. "황소야. 정말 그 이유를 모른단 말이야? 너는 배운 게 없어서 그런 거야. 비 오면 비 오는 속에서 뙤약볕이면 뙤약볕 속에서 고생스럽게 일을 하지만, 그건 아무나 할 수 있고 힘만 있으면 할 수 있는 일이기 때문에 값이 없는 거고, 내가 하는 일은 쉬운 것 같지만 배움이 많지 않으면 할 수 없기 때문에 귀하게 대접 받는 거야."

황소가 정말인가 하고 잠시 생각하고 있는데, 그 소리를 아니꼽게 듣고 있던 개가 말했어. "흥! 자식이 아는 체 하기는. 네가 뭐가 잘났다고 그따위 소리를 함부로 하냐? 황소는 물론이고, 나도 밤잠을 못 자고 도둑을 지키면서도 겨우 먹다 남은 밥이나 먹는데, 도대체 네가 배운 학문이라는 것이 무어냐?"

그러자 닭이 의젓하게 말했어. "나는 이 세상에 시간을 알리는 벼슬을 하고 있는 몸이야. 내가 시간을 알려야 세상이 비로소 깨어나게 되어있으니, 어찌 너희들이 몸을 써서 일하는 것과 같겠니?"

그러자 개가 말했어. "나는 또 무슨 대단한 일인가 했더니, 겨우 그딴 일을 갖고 큰소리야?"

"그딴 일이라니?" 닭이 한심하다는 듯이 개를 쳐다보며 말했어. "내 일이 중요하기 때문에, 이렇게 비단옷을 입고 머리에는 붉은 관을 쓰고 눈 밑에는 주먹 같은 육관자를 붙이면서 격식을 차리는 거야. 너희같이 아무런 격식 없이 하는 일하고 어디를 비교하냐? 내가 왜 귀한지 다섯 가지로 요약해 볼 테니 귀를 잘 닦고 들어보거라."

닭이 에헴 하고 큰 기침을 한 번 하고는 위엄 있게 읊었어.

❶ 머리에 관(벼슬)을 썼으니 글에 능하고(文),

❷ 발가락이 떨어져 있어 자유롭게 쓰고 며느리 발톱을 잘 써서 무예에 능하며(武),

❸ 다른 수컷을 만나면 맹렬히 싸우므로 용기가 있으며(勇),

❹ 먹이가 있으면 무리를 불러서 같이 먹는 의리가 있으며(義),

❺ 새벽이 되면 정확하게 시간을 알려주는 믿음이 있음(信).

● 며느리 발톱
조류에 있어 다리 뒤쪽으로 향해 있는 돌기. 발톱과는 다른데 부척골이 돌출한 것으로 공격용으로 쓰인다.

"들었느냐? 이러한 다섯 가지 덕이 있으니 사람들이 나를 귀히 여기는 것이다. 그리고 너희들은 모르겠지만, 내가 먼동이 틀 때마다 '꼬끼오'라고 외치는 것도 '고할 고告, 그 기其, 중요할 요要'라고 하는 거야. '중요한 것을 알립니다' 즉, '지금부터 하루가 시작됩니다'라는 거지." 그러면서 개한테 한마디 더 했어. "이러니 내가 양반 중에서도 양반인 거야. 너는 아무 뜻도 없는 소리로 짖어대니, 사람들이 '개소리 멍멍'이라고 놀리는 거야." 그러자 개가 화가 나서 말했어. "내가 아무 뜻도 없이 짖는다고? 천만에! 내가 '멍멍'하고 짖는 것은 '멍텅구리, 멍텅구리' 하는 뜻이야. 그리고 너는 한 냥 값도 못 되지만, 나를 팔 때 두 냥 반이나 받으니 내가 더 귀한 양반이다."

닭이 조롱하듯이 말했어. "별소릴 다 듣겠다. 그럼 개장수한테 팔려 갈 때에야 양반(개 값이 두 냥 반이라고 했으니, '두 냥 반'을 빨리 읽으면 '두 양반' 즉 '양반 둘'의 뜻이 된다)이 된다는 뜻이구먼. 쯧쯧, 한심하다 한심해."

그러자 화가 머리끝까지 난 개가 닭한테 달려들어 닭의 벼슬을 물어뜯었어. 그러자 닭이 얼른 지붕 위로 올라갔지. "야 이 무식한 자식아. 말이 막히니 폭력을 쓰냐? 이리로 올라와 봐라. 너 같은 놈은 이렇게 높은 데는 한 번도 못 올라와 봤지? 그러니 세상 넓은 줄도 모르고…." 개는 그 말을 다 들으면서도 지붕만 쳐다볼 수밖에 없었어. 그래서 '닭 쫓던 개 지붕만 쳐다본다'는 말이 생겼고, 닭 벼슬은 개한테 물어 뜯겨서 울퉁불퉁하게 된 거지.

▍ 장승업이 그린 닭과 맨드라미라는 그림이야. 서울대 박물관에 있는데, 화조영모라는 열 폭 병풍에 있는 그림이지.

　붉은 벼슬을 한 수탉의 위로는 붉은 벼슬같이 생긴 맨드라미가 있으니, 벼슬 위에 벼슬이란 뜻으로 높은 벼슬을 오래하라는 뜻이고, 암탉의 아래로는 자식을 많이 낳는 방아깨비와 잘 번식하는 순무가 있으니 자손이 많고 먹을 것도 풍부하게 잘살라는 뜻이야.

신령스런 닭의 피

수로왕의 왕비인 허황옥이 서역 아유타국에서 부모의 명으로 신라에 가고자 바다를 건너려는데, 수신水神의 노여움을 사서 가지도 못하고 돌아왔어. 이에 아유타국왕이 보탑을 주며 싣고 가면 무사할 것이라고 하였는데, 그 보탑은 사각형의 오층 돌탑으로 조각이 아주 특이했지. 그런데 돌에는 희미하게 얼룩덜룩한 붉은색이 있고, 돌의 재질이 가볍고도 물렀다고 한 것으로 보아, 아마도 보탑에 닭 벼슬의 피를 묻혀서 귀신을 물리친 것 같아. 예로부터 닭 벼슬의 피를 찍어서 부적을 만들어 썼거든. 이 탑이 김해에 있는 파사석탑이야.

▌경상남도 김해시 구산동에 있는 파사석탑.

옛날에는 사람을 수술할 때 닭의 벼슬피를 썼는데, 사람의 내장을 꿰매고 이 피를 바르면 곧바로 굳어져서 새지도 않고 재발되지 않는다고 생각했기 때문이지.

닭생일

우리나라는 아주 오래 전부터 닭을 길러왔어. 신라를 계림鷄林이라고 한 것만 봐도 닭이 아주 번성했던 것을 알 수 있지. 중국에서도 "조선닭이 맛있고 약용으로 좋다"고 할 정도였어. 그래서 닭을 꽤 위했어.

정월달 첫 번째로 오는 축일을 '소의 생일'이라고 했듯이 첫 번째로 오는 유일酉日을 '닭의 생일'이라고 해. 유酉를 '닭 유'라고 읽고, 유酉년을 닭의 해 또는 닭띠라고 하는 것과 같지. 유酉가 닭을 뜻하기 때문에, 새해 첫 번째로 오는 닭의 날을 닭생일로 본 것이야.

그래서 "이 날 닭을 잡으면 1년 내내 닭 농사가 잘 안 된다, 이 날 바느질이나 길쌈을 하면 손이 닭발처럼 흉하게 튼다, 이 날 모임을 가지면 닭처럼 사람들이 다툰다, 이 날 지붕을 이으면 닭이 지붕으로 올라가 지붕을 망친다."고 하며 닭을 위하고 생각하는 시간을 갖는 거야.

소생일보다는 못하지? 소생일 때는 소의 몸은 물론이고 그 마음이 혹 불편할세라 노심초사하는데, 닭생일 때는 닭을 잡지 않는 것 정도야. 소를 생구로 알고 또 더 영물로 생각했던 것 같아.

새벽을 알리는 닭

밤이 지나고 새벽이 되면 어김없이 닭이 울기 때문에, 닭은 새벽을 알리는 동물로 알려져 있어. 먼동이 트기도 전에 새벽이 오는 것을 알려주는 신통한 동물이지. 귀신은 음기로 뭉쳐져 있기 때문에 양기가 넘쳐나는 해를 무서워 해. 그래서 밤이면 활동을 했다가 새벽이 되면 얼른 숨는 거지.

닭이 울면 새벽이 되고, 새벽이 되면 해가 뜨고, 해가 뜨면 귀신이 죽는 거야. 그래서 설날에 범이나 닭을 그려 벽에 붙이면 액운이 물러난다고 믿었지. 범은 또 뭐냐고? 정월은 인월이라 하여 범의 달이야. 더구나 범도 새벽에 왕성하게 활동하잖아. 자기 달인데다 자기 시간이라서 왕성한 활동력을 보이고, 무엇보다도 범은 무섭게 생겼거든. 그래서 귀신을 쫓는 능력이 있다고 믿은 거야. 또 설날 새벽에 첫 번째 우는 닭이 열 번을 넘게 울면 풍년이 든다고 하는 말도 닭이 어둠을 물리치고 새벽을 연다는 믿음에서 하는 말이야.

또 태어난 아기가 밤에 울 때 닭 그림을 거꾸로 붙여놓으면 울음을 그친다고도 했어. 닭이 울면 새벽이 되고, 새벽이 되면 아기를 괴롭히는 귀신이 물러난다고 본 것이지. 왜 거꾸로 붙이냐고? 바로 붙이면 혹 닭이 졸다가 새벽을 알리는 '꼬끼오~'를 못할까봐, 아예 졸지도 못하게 거꾸로 붙여 보초를 세우는 거야.

참고로 너희들이 아기일 때, 밤마다 하도 울어대서 아버지가 직

■ 닭은 잡귀를 쫓는 동물로 상상되어 중문이나 병풍에 그려 넣었지. 어린 애들이 잠을 잘 못 이루고 뒤척일 때 닭그림을 이렇게 거꾸로 붙여 놓으면 편안한 잠을 이룰 수 있대. 너희들이 어렸을 때 해 본 건데, 효험이 있었지. 우는 동생이 있으면 한 번 해봐.

접 시험해 봤는데, 정말 믿기지 않을 정도로 효과가 있었어. 암탉은 별 소용없어. 벼슬이 붉은 수탉이 딱이야.

암탉이 울면 집안이 망한다

암탉이 횃대에 올라가 수탉하는 짓을 흉내내며 "꼬끼오~" 하고 울면 그 집이 망한다는 말이 있는데, 그것은 음과 양의 기운이 서로 바뀌어서 그래. 암탉은 암탉의 일이 있고 수탉은 수탉의 일이 있는데, 그 역할을 바꾸자고 하면 수탉 기분이 안 좋을 것이고 결국 잘되는 일이 있겠어? 그래서 저놈의 닭 잡아야 한다면서 닭을 잡는 거야.

실은 닭이 무슨 죄겠어? 집안이 잘못될 것을 미리 알려주니, 오히려 상을 주어야지. 닭을 잡기보다는 왜 역할을 바꾸자고 하는지 원인을 찾아서 없애는 것이 상책이지. 어쨌든 암탉이 울면 집안이 망한다는 속담은 널리 알려진 말이야.

하지만 요즘은 속담이 좀 바뀐 듯하지. "암탉이 울어야 집안이 잘된다." 여성들의 사회활동 분야가 넓어지고 다양해져서 이젠 서로 협조하지 않으면 안 되는 사회가 되었기 때문이야.

닭과 지네

닭은 지네와 천적관계야. 그래서 『서유기』에서도 지네가 오랜 세월 도를 닦아 요괴로 변신했는데, 손오공이 없애려 하다 안 되어서 옥황상제께 부탁하니까, 28수 신 중에 묘일계가 나서서 벼슬 빨간 수탉의 본모습으로 돌아가더니, 손쉽게 지네 요괴를 격퇴하는 장면이 나오잖아. 묘일계는 손오공을 이기지 못하지만, 손오공이 어려워하는 강적 지네요괴는 손쉽게 격퇴한 거야. 그러니 천적이 따로 있다고 하는 거지.

또 황해도 계림사에서는 절 안에 닭을 놓아 기르는 진기한 풍속이 전해와. 채식만 하는 스님들이 닭 잡아서 먹을 일도 없는데 말이야.

옛날에 이 절에서 승려들이 한 명씩 없어지는 변괴가 났는데,

백발노인이 와서 흰 닭을 키우면 변괴가 사라질 것이라고 하였어. 지네가 오랫동안 도를 닦아서 신통력을 얻은 뒤에 승려들을 잡아먹었던 거지. 닭을 기르자 닭들이 지네와 싸워 물리쳤어. 그래서 그 은공도 기릴 겸, 또 다시 생겨날 지네의 난을 대비할 겸 해서 그 뒤로 많은 닭을 키우게 된 거래.

하필이면 흰 닭이냐고? 닭이 서방에 속한 동물이잖아. 서방의 색이 바로 흰색이고. 자기 동네에서 자기 동네 색깔을 갖고 싸우니, 백전백승일 수밖에.

그런데 묘한 것은 지네를 잡을 때 닭뼈를 이용한다는 것이야. 허리 아픈 데나 관절 아플 때에 지네를 약으로 쓰거든. 항아리 안에 닭뼈를 넣고 산의 습기 찬 곳에 묻어놓으면, 지네가 그 뼈를

먹으려고 항아리 안으로 모여든다는 것이지.

그래 맞아. 평소에 지네가 닭한테 꼼짝없이 잡아먹혀 겁이 날 텐데도 불구하고 닭뼈를 보면 저 죽을 줄도 모르고 좋다고 와서 먹는 거야. 마치 쥐가 고양이를 무서워하면서도 고양이 분비물을 좋아해서 고양이에게 다가서는 것과 같아. 참 재미있지. 서로 물고 물리며 사는 것이 세상인가봐.

닭과 묘수

닭은 문文·무武·용勇·의義·신信이라는 다섯 가지 훌륭한 덕이 있고, 특히 새벽을 알리는 '믿음의 덕' 덕택에 어둠 속에서 활동하는 귀신을 물리친다는 신통한 능력이 인정되었고, 그 피도 신통해서 지혈능력이 뛰어나며, 자기를 길러준 스님들에게 은혜를 갚을 줄도 알고, 또 자기를 길러준 집안이 망할 것을 알아서 미리 예고해주는 예쁜 마음도 있어. 특히 닭의 벼슬이 유난히 붉고 힘 있게 생겼기 때문에 벼슬길에 오르고자 하는 사람들은 닭 그림을 그려놓고 매일같이 기도하기도 했지. 자기도 닭처럼 훌륭한 벼슬길에 오르게 해달라고.

바로 이런 점들이 묘수가 임금에게 잘잘못을 아뢰고, 감옥에 들어갈 것인지 풀어줄 것인지를 결정하며(높은 벼슬), 변방부족의 선봉장의 역할을 하는(용맹) 성격과 같은 거야.

반짝반짝 정보마당

사자성어 & 속담

▎군계일학(群鷄一鶴) - 닭의 무리 속에 끼어 있는 한 마리의 학이란 뜻. 여러 평범한 사람들 속에 뛰어난 한 사람이 섞여 있음.

▎우도할계(牛刀割鷄) - 소 잡는 칼로 닭을 잡는다. 조그만 일을 처리하는 데 맞지 않는 큰 도구를 씀.

▎계피학발(鷄皮鶴髮) - 닭의 살갗, 학의 머리털이란 뜻. 살갗이 주름지고 머리털이 하얗게 센 노인을 비유한 말. 즉 사람이 늙어서 피부는 닭의 살갗처럼 되고 머리는 세어 학의 날개처럼 됐다는 말.

▎차계기환(借鷄騎還) - 닭을 빌려 타고 돌아간다. 주인이 손님을 박대하는 것을 비꼬는 말. 손님에게 내온 밥상이 너무 허술하여 손님이 "내 말이라도 잡아 먹자" 하니, 주인이 "그럼, 무얼 타고 가시겠소?" 하였다. "저기 마당에서 노는 닭을 타고 가지."라고 답한 데서 유래한 말.

▎닭 잡아먹고 오리발 내놓기 - 옳지 못한 일을 저질러 놓고 엉뚱한 수작으로 속여 넘기려 하는 것 비유한 말.

▎닭에게는 보석이 보리알만 못하다 - 아무리 잘해줘도 상대가 그 가치를 모르면 소용이 없으니, 그 수준에 맞게 해주는 게 좋다는 뜻.

▎닭의 갈비(계륵) 먹을 것 없다 - 이름만 있고 실속 없음.

▎Don't count your chickens before they are hatched.(닭이 부화하기도 전에 병아리를 세지 마라) - 비슷한 속담 김칫국부터 마시지 마라. 즉 목표를 얻기도 전에 얻은 것처럼 행동하지 말라. 서두르지 말라는 의미.

교과관련

초등학교 5학년 1학기 읽기 〈마당을 나온 암탉〉
: 설화 속 닭과 교과서 속 닭을 비교해 보세요.

참고도서

▎달걀은 어떻게 닭이 될까 타냐 칸트 글 | 이지윤 옮김 | 파랑새
아이들 눈높이에 맞추되 흥미 위주의 단편적인 지식이 아니라 과학 주제를 넓고 깊게 다루는 그림책 형식의 과학책입니다. 달걀 속에는 무엇이 들어있는지, 닭이 알을 깔고 앉는데도 왜 알이 깨지지 않는지 등 닭에 대한 흥미로운 이야기들을 소개합니다.

❺ 畢月烏
마칠 필 달 월 까마귀 오

상징	백호의 머리, 가슴
크기	1m 80cm
운행 방위	酉(서)

영토	16°
보이는 때	11/27~12/27
해당지역	평안남도 서부지역
부하별수	14(85)
힘의세기	★★★

의미 ▎변방 병사의 훈련, 구름과 비. 군대의 기강. 어둡고 작아지면 외국군의 침입이 생기고, 법이 가혹해진다. 밝으면서 움직이면 홍수가 난다.

세종대왕이 만난 우리별자리 ②

필월오

필월오는 28수 중에 필수를 수호하는 신장이야. 필월오의 '필'은 필수라는 뜻이야. 그물 중에 잠자리채같이 이동하면서 잡는 그물을 '필'이라고 하는데, 손잡이가 있는 그물처럼 생겼다고 해서 필畢이라는 이름을 얻었어. '월'은 칠정 중에 달의 정기를 받았다는 말이고, '오'는 까마귀로 상징된다는 뜻이지.

필월오는 까마귀의 머리에 사람의 몸을 하였는데, 키가 1m 80cm로 늘씬하고, 얼굴은 검은색이야. 검은색 전포를 입었고, 황금으로 상감처리를 한 누런색 두건을 둘렀으며, 검은색으로 윤이 나는 신을 신었고, 칼끝이 뾰족한 푸른색 검을 차고 멋을 내고 있지.

필수

필수는 전쟁을 하기 전에 훈련을 맡은 변방의 장수나, 일선에서 법을 집행하는 공무원에 해당해. 또 비바람을 부르는 별이라고도 해. 그래서 달이 필수와 가까이 있으면 큰 비가 내린다

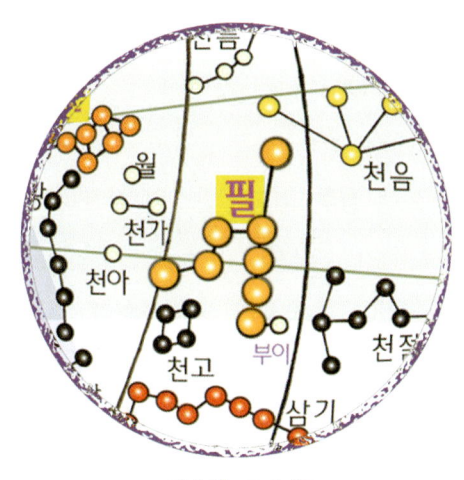

■ 필수와 주변별들

고 하지. 달도 음기가 강하고 필수도 음기가 강해서 비가 오는 거야.

필수는 변방의 이민족을 막는 별인데, 이 별이 밝고 크면 주변 나라와 우호관계가 좋고, 별이 본래의 색을 잃거나 한 개의 별이 없어지면 외교에 문제가 생기거나, 병사들 중 사상자가 생기게 되지.

필수는 변방을 잘 지켜서 백성을 안정시킨다는 뜻에서 천서성天棲星이라고도 부르고, 여덟 개의 별이 백호의 가슴과 머리를 이루고 있어.

필수의 부하별자리와 다스리는 영토

필수는 28수 중에서 16°의 넓은 영역을 다스리는 별자리야. 부하별자리도 열네 개나 되지.

필수의 위로는, 변방에 주둔한 보병부대를 관리하는 **주둔부대**(**주**柱 또는 **삼주**三柱)와 임금의 전차부대를 관리하는 **다섯 전차부대**(**오거**五車)가 소택지나 못을 주관하는 **연못**(**함지**咸池)과 하천이나 교량의 통행을 주관하는 **웅덩이**(**천황**天潢)를 보호하고 있어. 이들은 모두 은하수 위에 있는 별자리들로, 임금이 살고 있는 자미원으로 가는 길목에 있어. 자미원과 필수를 연결하는 전략적 요충지이지.

제후와 왕자들의 동태를 관리하는 **제후와 왕자**(**제왕**諸王), 기후와

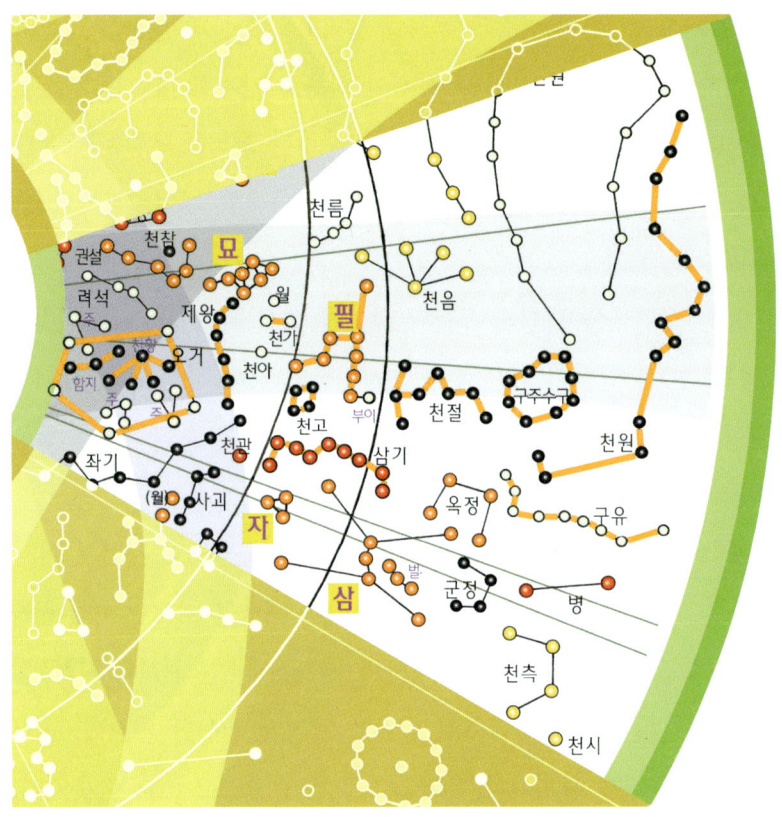

지역을 멀리서 살피는 역할을 하는 **망대**(**천고**天高), 큰길이라는 뜻으로 변방의 관문과 교량을 맡은 **한길**(**천가**天街), 변방 요새의 통로를 주관하는 **관문**(**천관**天關)도 필수와 자미원을 연결하는 요충지에 있는 별로, 붉고 밝은 별인 **관문**만 제외하면 평소에는 자신을 감추고 있는 검은색 별들이야.

필수와 거의 붙어 있어서 마치 필수인 것처럼 하고 있는 별자리

가 있는데, 그 별이 변방의 동정을 살피고 장수들의 잘잘못을 듣고 처리하는 **귀**(**부이**附耳)야. 또 사신이 신표로 가지고 다니는 **부절**(**천절**天節), 각 변방국가들의 말을 통역해주는 **통역관**(**구주수구**九州殊口) 등의 별자리는 이곳이 다른 국가와 인접한 변방이라는 것을 말해주고 있어.

물론 군인들을 지휘해서 활과 석노를 쏘게 하는 **장군의 지휘깃발**(**삼기**參旗)과 임금이 다른 부대를 지휘하기 위해 직접 운용하는 깃발인 **임금의 지휘깃발**(**구유**九斿) 등은 변방의 경계를 강화하기 위한 별들이야.

또 변방에는 군사들이 훈련을 하는 틈틈이 농사도 지어서 어느 정도는 자급을 해야 해. 그래서 과일이나 채소를 기르는 **농원**(**천원**天園)이 필요한 거지. 필수의 부하별자리 중에서는 **관문**과 **지휘깃발**만 붉고 밝은 별이야. 나머지 별들은 검거나 희미한 별인데, 숨어서 적의 동태를 살피거나 적의 눈으로부터 감추고 있다는 뜻이지.

황도궁으로는 금우궁에 속하고, 평안남도의 서부지역에 해당하지. 그러니까 필수가 또렷하거나 빛이 잘 나면 그 지방이 그만큼 잘살게 되

■ 필수에 해당하는 지역 : 곽산, 가산, 정주, 박천, 개천, 안주, 순천, 영유, 성천, 강동, 자산, 강동, 순안.

는 것이고, 빛이 흐려지거나 제대로 모습을 안 갖추고 있으면 해당 지역이 좋지 않게 된다고 하지.

까마귀

까마귀는 우리나라 전역에서 볼 수 있는 텃새야. 평지에서 깊은 산에 이르기까지 도처의 숲에서 번식하지. 까마귀는 낮에 활동하고 밤에는 숨으며, 따뜻한 바람이 불거나 맑은 날을 좋아해.

위계질서를 잘 지키면서 무리를 지어 사는 새야. 단체생활을 잘 하기 때문에 성격이 중후하고 남을 높이는 성질이 있으며, 스스로 즐거움을 깨달아 남에게 해를 끼치지 않는다고 알려져 있어.

까마귀는 지도자의 말에 절대 복종하고 또 머리가 똑똑해서 다른 날짐승을 잘 굴복시켜. 심지어는 커다란 독수리들도 까마귀를 두려워하지.

독수리가 먹이를 먹으려고 땅에 내려와 죽은 고기를 쪼으면, 까마귀들이 몰래 뒤쪽으로 다가오는 거야. 그리곤 한 마리가 독수리 앞에서 독수리가 먹는 먹이를 빼앗으려는 시늉을 하지. 그러면 독수리가 양날개를 크게 펴면서 위협을 해. 그때 뒤로 다가와 있던 까마귀들이 독수리 양 날개에 한 마리씩 올라타서 꼼짝 못하게 하지. 그리고는 다른 까마귀들이 독수리 머리를 쪼아서 피를 내는 거야. 독수리는 날아오르고 싶어도 날개가 붙잡혀 있으니 날 수가 없어서, 자기보다 작은 까마귀한테 곱게 당하는 거지.

물론 독수리가 힘이 세고 덩치가 크니까 죽지는 않지만, 한 번 까마귀한테 혼이 난 독수리는 까마귀를 무서워하고 경계하게 되는 거야. 그래서 까마귀를 날짐승 중에서도 영물이라고 하는 거지.

네가 힘센 독수리냐? 이번엔 앞머리 몇 번 쪼는 것으로 끝났지만, 앞으론 까불면 국물도 없어!

태양과 삼족오三足烏

까마귀는 태양신의 정령으로 알려진 신령스러운 새야. 태양의 후손이라고 하는 고구려 고분의 단골손님이기도 하지. 어떤 사람은 삼족오를 중국신화에서 따온 것이라고 하는데, 이는 은나라의 실체를 모르고 하는 말이야.

지금 중국이 은나라 유적지인 은허를 발굴하다 덮어놓고, 갑자기 중국의 동북지방이 원래 자기 조상들이 개척해놓은 땅인데, 그중 고구려도 옛날 자기 나라 중의 하나라고 하는 거야. 그래 맞아 동북공정이라고 하는 것 말이지.

중국이 자기들 조상의 유물인 줄 알고 은나라의 도읍터를 발굴했는데, 중국을 다스렸던 은나라가 바로 동이족, 즉 우리의 조상이었음을 깨달은 거야. 중국 전역을 동이족이 다스렸다고 발표하게 생겼으니, 어쩌겠어? 동이족이 자신들의 조상이었다고 하든지, 동이족이 자신들 조상에게 복속되었던 나라라고 하든지, 아니면 솔직하게 말하는 것이

▎삼족오

● 동북공정
중국 국경 안에서 전개된 모든 역사를 중국 역사로 만들기 위해 2002년부터 중국이 추진하고 있는 동북쪽 변경지역의 역사와 현상에 관한 연구를 말해.

제일 좋기는 한데 자존심이 상하는 거야.

아직도 중국 동해안부터 남해안으로 이어지는 곳곳에 우리 조상들의 삼족오 전설이 이어오고 있어. 이 이야기는 『시경』, 『사기』, 『논형』, 『삼국지』, 『여씨춘추』, 『산해경』 등 중국 책은 물론이고, 『호태왕비문』, 『삼국사기』 등 우리나라 문헌에도 자세히 나와 있어.

왜 삼족오일까?

그렇다면 태양의 정령이 왜 삼족오일까? 날짐승은 다리가 둘인데 셋이면 돌연변이가 아닌가? 그것도 하필이면 색깔이 검은 까마귀일까?

그것은 바로 태양의 빛과 흑점을 뜻해. 태양의 흑점이 검은색이고, 예로부터 "태양에 사는 까마귀를 본 사람은 실명한다, 태양에 까마귀가 생겨나면 임금이 실덕한다" 등의 기록이 있는 것으로 보아 까마귀란 태양의 흑점을 말하는 거야. 흑점이 커지면서 폭발하면 태양광선을 따라온 자기 폭풍에 의해 지상에 이

■ 중국 집안현에 있는 고구려의 벽화고분(각저총)에 그려진 삼족오의 문양이야.

변이 생기거든.

그렇다면 왜 다리가 셋일까? 세상의 색깔을 요약하면 빨강, 노랑, 파랑의 삼원색이잖아. 세상의 모든 색은 이 세 가지 색을 이리 섞고 저리 섞음으로써 만들어지는 것이야. 이 색을 모두 섞으면 검은색이 되고.

또 세상의 모든 빛을 요약하면 빨강, 초록, 노랑의 삼원빛이 되지. 세상의 모든 빛이 이 세 가지 빛에 의해 구별된다는 뜻이야. 또 세상의 모든 빛을 합하면 흰색이 된단다.

즉 세상의 색을 다 합하면 까마귀 같은 검은색이 되고, 세상의 빛을 모두 합하면 찬란히 빛나는 태양의 백색광이 된다는 뜻이야. 다시 말해서 태양 안에는 세상의 색과 빛이 다 들어있어서 만물을

창조한다는 뜻이 되지.

왜, 너희들이 읽은 동화에도 까마귀가 일등 할 뻔했던 이야기가 있잖아. 가장 아름다운 새를 뽑는다고 하니까, 까마귀가 고민하다가 다른 새들이 떨어뜨리고 간 깃털을 모두 모아 자신의 몸에 꽂으니, 울긋불긋 휘황찬란하게 변했다고 말이야. 나중에 들통이 나서 혼이 나긴 했지만, 그 이야기가 바로 세상의 온갖 색을 다 합하면, 결국 까마귀의 까만색이 된다는 뜻을 포함하고 있는 거야.

그러니 중심이 되는 색 셋(다리 셋)을 합하면 검은색(머리 하나)이 된다는 뜻과, 중심이 되는 빛 셋(다리 셋)을 합하면 태양의 백색광(머리 하나)이 되어 세상을 비춘다는 뜻이 있는 거야. 물론 천지인의 셋이 합해서 세상을 이루고, 아버지, 어머니, 자식이 합해서 가정을 이룬다는 뜻도 그 안에 있어.

열 개의 태양

동방의 상제 제준(준오)의 이야기를 먼저 해야겠구나. 제준은 중국 고대 신화에서 동이족의 상제라고 알려져 있어. 말하자면 동이족에게는 하느님과 같은 말이지. 동이족이 건설한 은나라도 제준을 하느님으로 섬겼어. 이 이야기는 은나라 이전에 요임금이 다스릴 때야.

제준에게는 상희와 희화라는 두 왕비가 있었어. 이 중에서 상희는 달의 여신이야. 제준과의 사이에서 달이 된 열두 명의 딸을 낳았지. 이 열두 명의 딸이 한 달에 한 번씩 차례로 떠올라 열두 달을 지냄으로써 1년이 되는 거야.

희화는 태양의 신으로 태양이 된 열 명의 아들을 낳았어. 열 명의 아들은 동해바다 끝에 있는 탕곡이라는 곳에서 살았는데, 열 명의 아들이 목욕을 하였기 때문에 이곳 물이 항상 뜨겁게 끓는다 하여 탕곡湯谷이라고 했지. 탕곡에는 '부상'이라는 높이가 10km가 넘고 둘레도 3km가량 되는 거대한 나무가 자랐는데, 그 나무 위에서 열 명의 태양이 쉬면서 놀았어.

매일같이 여섯 마리의 교룡이 끄는 수레를 타고 하루에 한 명씩 부상에서 떠올라 서쪽 끝에 있는 몽곡蒙谷까지 갔기 때문에, 지상에서는 매일 같은 태양이 동에서 떠서 서로 지는 것으로 알았어.

열흘에 한 번씩, 그것도 정해진 길을 가야만 했던 아들들이 하루는 머리를 맞대고 "우리 한번 동시에 떠서 마음대로 돌아다녀보자. 지상에서는 열 개의 태양이 이리저리 움직이는 우주쇼를 보게 될 거야. 그들은 우리를 놀라운 눈으로 보면서 환호할 것이고, 우리들도 너무너무 재미있을 거야." 이렇게 의논을 하고는 매일같이 뜨고 싶으면 뜨고 자고 싶으면 자며, 드넓은 하늘을 이리저리 마음대로 뛰놀았어.

매일같이 세 개, 네 개, 심지어는 열 개의 태양이 동시에 떠올랐

지. 지상에서는 너무 뜨거워서 식물과 동물이 타들어가고, 사람들도 고통에 시달린 끝에 하늘을 원망하며 죽어갔어. 그래서 하느님(제준)께 엄청난 재앙을 물리쳐 달라고 간곡하게 빌기 시작했지. 부모인 제준과 희화가 말렸지만, 이미 신이 나기 시작한 말썽꾸러기 아들들을 말릴 수가 없었어. 더구나 그들은 하느님과 태양의 신 사이에서 태어난 신통력이 뛰어난 자식들이라서 보통의 방법으로는 제어를 할 수가 없었어.

그래서 고민 끝에 활을 쏘았다 하면 백발백중인 예羿라는 신에게 붉은색의 활과 하얀색의 화살 한 통을 주면서 지상에 내려가 인간을 도우라고 하였지. 이 활과 화살은 누구라도 맞으면 즉사할 뿐만 아니라, 아무리 멀리 떨어진 목표물이라 할지라도 맞추는 하늘나라의 보배였어.

예의 화살로 평정하다

옥황상제의 명을 받아 예가 아내 항아를 데리고 지상에 내려갔어. 그런데 지상은 참으로 말이 아니었지. 모든 게 타들어가고 말라버린 참상을 보고는 참으로 화가 났어. 거기에다가 사람들이 말라비틀어져가는 모습으로 울며 호소를 하는 것을 보고는, 마음속으로부터 뻗쳐오는 분노를 참을 수가 없었어. 지상에 내려올 때만 하더라도 혼만 조금 내주고 말려고 했는데 마음이 바뀐 거야. 그래서

■ 사람들을 이렇게 고통 속에 살게 하다니….
한 방에 한 마리씩, 태양이 별거냐!
다 떨어뜨려주마!

자신의 분노를 화살에 담아 태양을 향해 쏘기 시작했어.

화살에 맞은 태양이 붉은 불덩어리를 사방으로 토하며 터졌어. 불덩어리는 황금색으로 변하더니 이윽고 검은색 깃털로 변해 사방으로 흩어졌지. 끝에 무언가가 떨어졌는데, 사람들이 달려가 보니 바로 삼족오(세 발 달린 까마귀)였어. 사람들의 열렬한 환호 속에 예가 한 발 한 발 당길 때마다 어김없이 삼족오 한 마리가 떨어졌어. 그러다가 태양이 다 없어질 것이 걱정되었어. 가만히 지켜보던 지상의 임금(중국설화에서는 요임금이라고 함)이 화살 하나를 몰래 감추었지. 그래서 아홉 마리의 삼족오는 죽고 한 마리만 남게 된 거야.

나중에 이 사실을 안 상제는 너무 속상했어. 얼마나 금쪽같이 아끼던 아들들인데. 그래서 "누가 혼만 내랬지. 내 아들을 죽이라고 하였느냐?"며 예와 예의 아내 항아를 하늘나라에서 쫓아 지상에서 살게 하였어.

앞길을 인도하는 까마귀

『삼국유사』에 보면 "사금갑射琴匣 하라", 즉 "거문고를 담은 상자를 쏘라"는 말이 있어.

소지왕이 천천정에 갔는데, 까마귀와 쥐가 와서 울더니, 쥐가 나서서 까마귀를 가리키며 "이 까마귀가 가는 곳을 따라가 보시오." 하는 거야. 그래서 왕이 호위무사에게 명해서 까마귀를 따라가 보라고 했지. 호위무사가 남쪽으로 까마귀를 따라가다가 피촌에 이르니 돼지 두 마리가 싸우고 있었어. 호위무사가 돼지 싸우는 것에 정신을 팔다가 까마귀를 놓치고는 당황해 했지.

그런데 어떤 노인이 연못에서 나와 글이 담긴 봉투를 주는 거야. 그 겉봉에는 "이것을 열어보면 두 사람이 죽을 것이고, 열어보지 않으면 한 사람이 죽을 것이다."라고 적혀 있었어.

이 글을 받아본 임금이 두 사람이 죽는 것보다는 한 사람만 죽는 것이 낫겠다며 열어보지 않았지. 그랬더니, 천문을 맡아 보던 일관이 "두 사람은 일반 사람이고, 한 사람은 임금일 것입니다."라고 하여 열어 보았어.

그런데 그 안에는 다만 '쏠 사射, 거문고 금琴, 상자 갑匣'이라고만 쓰여 있는 거야. 그래서 그 글대로 궁궐 안의 거문고 상자를 쏘니, 그 안에서 중과 후궁이 내통하여 임금을 죽일 것을 모의하고 있었던 거야.

그 다음부터 매년 정월 첫 해일(亥日:돼지 날)과 첫 자일(子日:쥐 날)에는 모든 일을 조심하여 움직이지 않았고, 정월 보름날을 오기일烏忌日(까마귀를 공경하는 날)이라 하여 찰밥을 지어 까마귀에게 제사 지내는 풍습이 생겼어. 그래, 찰밥을 지어서 장독대라든지 담 위에 올려놓는 거지.

심부름을 잘못하여 불길한 새가 되었다

제주도에 전해오는 '차사본풀이'라는 노래에 하느님의 심부름꾼으로 까마귀가 등장해.

상제로부터 인간의 수명을 적은 적패지赤牌旨(붉은색의 패에 수명을 기록해서 죽을 사람을 하늘나라로 불러올리는 패)를 받아 전달하러 온 까마귀가 그만 적패지를 잃어버리고는 제멋대로 아무 이름이나 부르면서 까악까악하고 울어댔던 거야. 그래서 인간의 수명이 뒤바

꿔게 되었지. 나이 어린 사람이 나이 많은 사람보다 먼저 죽고, 심지어는 자식이 부모보다 먼저 죽기도 하였어.

까마귀가 울기만 하면 본래 정해진 수명과 상관없이 사람이 죽자, 그때부터 까마귀를 죽음을 부르는 불길한 새로 여겼다고 해.

까마귀의 자랑

이 비슷한 이야기가 『수궁가』에도 나와. 어느 날 새들이 서로 상좌(제일 어른이 앉는 자리)에 앉겠다며 싸우고 있었어. 까마귀가 앉겠다고 하자 부엉이가 꾸짖듯이 말했어. "주둥이는 길고, 온몸은 시커멓고, 하다못해 눈동자도 검은 놈이 어딜 앉겠다는 거냐!" 그러자 까마귀가 이렇게 노래했어.

　내 근본을 들어보라. 이 내 근본을 들어보라.
　이 주둥이 긴 것은 월나라 임금 구천과 비슷하고,
　이 몸이 검은 것은 산음을 지나다가 왕희지가 연적 씻은 연못에 풍덩 빠져 먹물 들어 그렇고,
　은하수에 다리를 놓아 견우와 직녀 건너주고,
　오는 길에는 적벽에서 배 타고 노닐면서 삼국의 흥망을 의논했고,
　천하에 반포反哺의 은혜를 나 홀로 했으니 날짐승, 길짐승 중에 효자는 나뿐이라.

　까마귀의 자랑을 들은 부엉이가 별것 아니라는 듯 응수했지. "네 소리가 까옥 하면 세상 인간이 밉다고 돌 던지고, 네가 날아서 그 돌을 피할 때에 배나무에서 배 떨어지니(오비이락烏飛梨落), 세상에 미운 놈은 너밖에 더 있느냐?" 결국 멋쩍어진 까마귀가 슬그머니 뒤로 물러났어.

까마귀와 필수

까마귀는 태양의 정령이자 하느님의 심부름꾼이고, 나름 엄청나게 효도를 하고 또 조직생활도 잘하는 새인 것을 알 수 있어. 그런데 '열 개의 태양'처럼 호기심과 장난기가 많아서 태양으로서의 큰 임무를 망각하고, 또 '심부름을 잘못하여 불길한 새가 되었다'처럼 까불까불하다가 심부름 내용을 까먹는 몇 가지 실수 때문에 안 좋은 이미지가 있었던 것이지.

바로 그런 점이 중앙의 병사가 아닌 변방 병사의 훈련을 맡고, 구름과 비를 주관하되 달과 협조해야 되는 필수의 수호신장으로 선택되었을 거야. 중요한 일을 하면서도 무언가 조금씩 모자라는 거지.

●●●●● 까마귀의 다른 이름

까마귀는 자애로운 새라는 뜻의 자오慈烏, 효도하는 새라는 뜻의 효조孝鳥 또는 반포조反哺鳥라는 이름이 있어. 또 음산하면서도 추운 데서 잘 산다는 뜻의 한아寒鴉, 오래 산다는 뜻의 노아老鴉 등의 이름이 있고, 우리나라 말로는 까마귀, 가마리, 가막귀 등으로 불리지.

반포조란 말은 처음 들어보지. '돌이킬 반反, 먹일 포哺, 새 조鳥'라고 쓰는데, "까마귀는 부화한 지 60일 동안은 어미가 새끼에게 먹이를 물어다 주지만, 새끼가 다 자라면 먹이 사냥에 힘이 부친 어미를 먹여 살린다고 해. 곧 까마귀가 어미를 되먹이는 습성을 반포反哺라고 하지.

반짝반짝 정보마당

사자성어 & 속담

▎오비이락(烏飛梨落) - 까마귀 날자 배 떨어진다. 아무 관련이 없지만 일이 공교롭게 같이 일어나 남의 의심을 사게 됨을 뜻함.

▎오합지졸(烏合之卒) - 까마귀가 모인 것 같은 무리라는 뜻으로, 질서 없이 어중이떠중이가 모인 군중들 또는 제각기 보잘것없는 수많은 사람.

▎오비토주(烏飛兎走) - 까마귀는 날아가고 토끼는 뛰어감. 까마귀는 해이고, 토끼는 달이라는 의미에서 세월이 빨리 지나감을 비유한 말.

▎까마귀가 검기로 마음(살/속)도 검겠나 - 겉모습보고 사람을 평가하지 말라는 뜻.

▎까마귀 고기를 먹었나 - 잊어버리기를 잘하는 사람을 놀리거나 나무랄 때 하는 말.

▎까마귀도 고향 까마귀는 반갑다 - 보통 까마귀는 불길한 새라고 해서 꺼리지만 타향살이를 하다 보면 고향이 그리운 나머지 고향에서 온 것이라면 까마귀마저 반갑다는 말.

▎까마귀 꿩 잡을 계교 - 어리석은 잔꾀를 비웃는 말.

▎까마귀가 열두 번 울어도 까옥 소리뿐이다 - 까마귀가 아무리 많이 울어도 듣기 싫은 까옥 소리뿐이라는 뜻. 마음이 나쁜 사람이 아무리 지껄여봤자 그 소리에는 하나도 들을 것이나 이로운 것이 없음을 비유한 말. 또는 싫은 사람이 하는 일은 하나부터 열까지 다 밉기만 함.

▎The crow thinks its own bird fairest(or white). (까마귀도 제 새끼가 제일 예쁘다(희다)고 생각한다) - 자기 것이 제일인 줄 알고 뻐기는 사람을 풍자한 말.

교과관련

▎초등학교 6학년 1학기 읽기 〈까마귀 오서방〉
: 교과서에는 없는 다양한 관련 이야기를 읽어 보세요.

참고도서

▎**하얀 깃털 까마귀 야콥** 빌리 페르만 글 | 선우미정 옮김 | 느림보
간질을 앓고 있던 소년 시몬은 어느 날 연한 파란색 눈동자에 한쪽 날개에는 흰색 깃털 두 가닥이 섞여 있는 특이한 까마귀 야콥을 만나게 됩니다. 이 책은 시몬, 야콥의 이야기를 통해 남들과 다르다는 것의 의미와 그것을 받아들이는 과정을 이야기합니다.

신방의 두 동물
자허후 삼수원

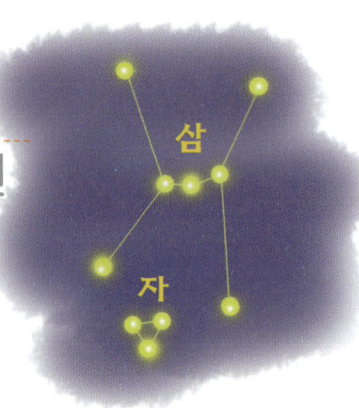

동방	진 묘 인	각 항 저 방 심 미 기
북방	축 자 해	두 우 여 허 위 실 벽
서방	술 유 신	규 루 위 묘 필 자 삼
남방	미 오 사	정 귀 류 성 장 익 진

신방에는 자수와 삼수가 거의 붙어 있다시피 있는데, 자수에는 후원숭이를 배당하고 삼수에는 원원숭이를 배당했지. 후원숭이는 원숭이 중에 좀 작은 원숭이로 사람과 흡사한 구석이 많고, 원원숭이는 동물원에서 많이 볼 수 있는 몸에 비해서 팔이 긴 원숭이를 말해. 그렇지만 이 두 종류의 원숭이는 잘 구별이 안 되지. 마찬가지로 삼수와 자수도 거의 붙어 있어서 어디서부터 어디까지가 누가 다스리는 영역인지 잘 구별이 안 가.

옛 사람들은 신시(오후 3시~5시)는 한낮을 지나 서늘해지려는 때이고, 신월(양력 8월, 음력 7월)은 한여름을 지나 서늘해지려는 때로, 이때부터 만물을 쉬게 하고 늙게 하는 것인데, 원숭이가 나이에 맞지 않게 늙어 보인다고 해서 신방에 배당한다고 했지. 또 생각해 보면 신월이 되면 과일이 익는데, 이를 따서 먹고 저장하는 데는 원숭이가 가장 적격이라는 뜻이야.

원숭이해에 태어난 사람들은 후원숭이나 원원숭이의 특성이 많다고 보면 돼. 특히 1~6월 사이에 난 사람은 후원숭이의 성격이, 7~12월에 난 사람은 원원숭이의 성격이 많아.

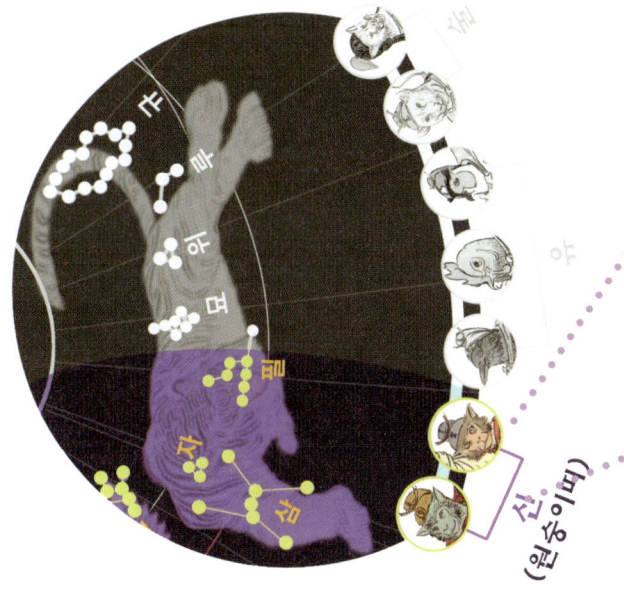

난 자화후. 손오공을 생각해봐. 그게 나야.

난 삼수원. 서방칠수의 마지막 신장으로 별 모양도 예쁘지. 오리온자리라고 들어봤니? 겨울철에 쉽게 찾을 수 있는 별자리야.

● 고양이
사실 신방에는 정식 담당 동물은 아니지만, 예비 후보로 고양이가 들어 있어. 하느님이 열두 동물을 뽑을 때, 고양이가 무슨 일이냐고 궁금해 하니까, 쥐가 아무 일도 아니라고 따돌려서, 그때부터 고양이와 쥐 앙숙이 되었다고 하잖아. 옛 사람들은 바로 그 고양이를 신방과 관계를 지어주고 싶어 했어. 고양이가 오전 내내 게으름을 피우다가, 점심시간이 지나면 슬슬 몸을 풀어볼까 하고 사냥길에 나서거든. 그래서 28동물이 아닌 36동물을 뽑을 때는 고양이도 신방에 들어가는 거야. 말하자면 후보 동물인 셈이지.

6 觜 火 猴

뿔처럼 난 털 자
불 화
원숭이 후

상징	백호의 머리털
크기	1m 10cm
운행 방위	申 (서서남)
영토	2°
보이는 때	12/12~1/11
해당지역	경기 동남부, 강원 서남부
부하별수	2(13)
힘의세기	★★★★★
의미	요새의 관문, 척후병, 군량창고. 밝고 크면 평안하고, 움직이면 책임자가 쫓겨난다. 다른 별이 다가오면 폭동이 일어난다.

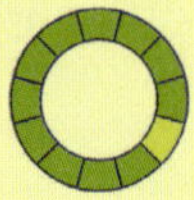

226 세종대왕이 만난 우리별자리 ②

자화후

자화후는 28수 중에 자수를 수호하는 신장이야. '자'는 털 뿌리라고 해서 부엉이의 머리 위에 뿔처럼 난 털을 뜻해. 서방칠수를 한 마리의 큰 범이라고 할 때 머리나 귀에 난 털에 해당하는 별자리지. '화'는 칠정 중에 화성의 기운을 받았다는 말이고, '후'는 후원숭이로 대표된다는 뜻이야.

자화후는 후원숭이(작은 원숭이)의 머리에 사람의 몸을 하였는데, 키가 1m 10cm로 작은 편이고, 얼굴은 홍색이야. 푸른색이 감도는 황금전포를 입었고, 누런색 상감처리를 한 녹색의 두건을 둘렀으며, 흰 가죽신을 신고 칼을 찬 좀 까불거리기는 하지만 제법 의젓한 모습이지.

자수

자수는 서방으로 들어가는 관문에 해당돼. 가을로 들어가는 초입이라는 뜻이야. 그래서 별이 밝고 크면 곡식이 잘 익게 돼.

자수는 위수처럼 삼

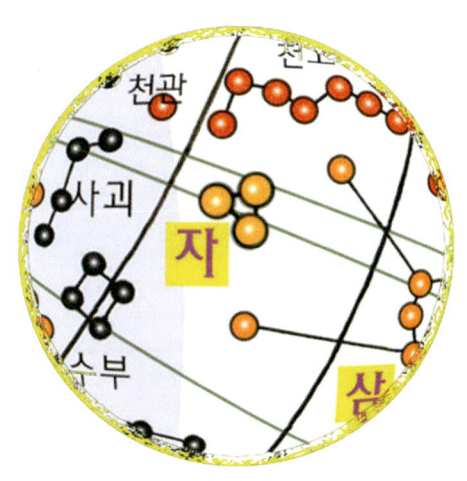

▪ 자수와 주변별들

각형으로 생겼고, 창고 역할을 해. 하지만 그냥 일반 창고가 아니고 변방의 군사들을 먹여야 하는 군량창고야.

　자수를 변방으로 귀양 보내는 별이라고 해서 '위엄 위威, 귀양갈 적謫, 별 성星'이라 하여 위적성이라고 해. 세 개의 별이 범을 상징하는 삼수의 머리 위에 털같이 났다고 해서 자觜라는 이름을 얻었어. 뿔같이 작은 털이라는 이름에서 알 수 있듯이 28수 중에서도 영역이 아주 작은 별자리야.

자수의 부하별자리와 다스리는 영토

자수는 28수 중에서 가장 작은 영역인 2°를 맡고 있어. 부하별자리도 둘밖에 안 되지. 그래서 특별히 임금과 신하를 구별해서 위엄을 세울 필요가 있는 거야.

　임금이 앉을 자리와 신하가 앉을 자리를 표시하는 **자리표시 깃발**(**좌기**坐旗 또는 座旗)과 새와 짐승, 곤충, 초목 등 변방에 있는 모든 현상을 관찰해서 보고하는 **자연현상 관측관**(**사괴**司怪)의 두 별자리가 필수의 위엄을 돕는 부하별자리야. 이 두 별자리는 모두 검은색이기 때문에 맑은 날씨가 아니면 잘 보이지도 않아. 더구나 두 별자리 모두 은하수에 속하기 때문에 물하고 깊은 관련이 있지. 자수의 방위가 계절로 치면 8월의 한창 더울 때라, 자칫 홍수가 나기 쉬우므로 특히 물관리에 유념해야 하는 거야.

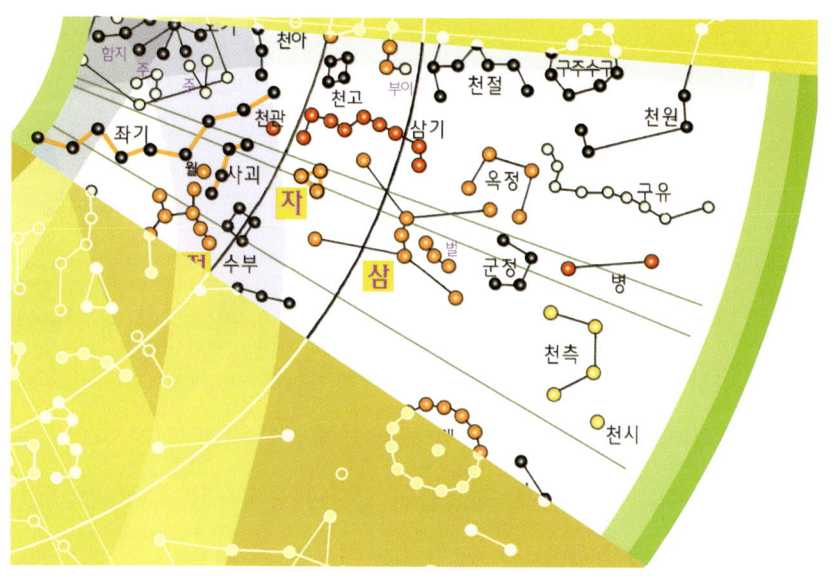

　　황도궁 중에는 음양궁에 속하고, 경기도의 동남부와 강원도의 서남부 지방에 해당하지. 그러니까 자수가 또렷하거나 빛이 잘 나면 이 지방이 그만큼 잘살게 되는 것이고, 빛이 흐려지거나 움직여서 제대로 모습을 안 갖추고 있으면 이 지역이 좋지 않게 된다고 하지.

▌자수에 해당하는 지역 : 여주, 원주, 음죽, 치악산.

원숭이

작은 원숭이를 한자로는 '후猴'라고 써. 혹은 미후獼猴 또는 목후沐猴 또는 저狙라고도 하지. 후猴는 '기다려 살필 후候' 자와 발음도 같고 뜻도 같아서 쓴 이름이야. 먹을 것을 보고도 바로 달려들지 않고, 사방이 잘 보이는 높은 곳에 올라가서 잘 살피며 보는 거지. 혹 천적이 있나, 아니면 더 좋은 것이 있나 하고 말이야. 후원숭이가 유난히 경계심이 많은 원숭이라서 그래.

또 후원숭이는 자기 얼굴에 대한 자부심이 강해. 그래서 얼굴을 다듬는 것을 좋아하지. 그 모습이 얼마나 진지하고 오랫동안 공을 들이는지, 마치 목욕하는 것처럼 보이므로 미후(꼼꼼히 잘 씻는 원숭이) 또는 목후(목욕하는 것처럼 잘 씻는 원숭이)라고 부르는 거야.

▪ 경복궁 근정전의 원숭이 조각상. 왠지 고민이 있어 보이는걸.
"여기는 뭐야. 바나나도 없고. 맨 돌뿐이잖아!"

후원숭이는 사람과 비슷하게 생겼는데, 다만 뺨이 좀 볼록 나와서 그곳에 먹을 것을 감추고 다녀. 중국의 초나라 사람들은 후원숭이는 비장이 없기 때문에 다니면서 소화를 시킨다고 하였는데, 아마도 쉴 새 없이 돌아다니는 모습을 보고 그렇게 여긴 것 같아.

꽁지에는 털이 없고 비교적 꼬리가 짧으며, 손과 발이 사람과 같아서 똑바로 서서 걸어갈 수도 있어. 소리를 '격격' 하고 내서 마치 사람이 기침하는 것 같고, 임신한 지 다섯 달 만에 새끼를 낳으며, 낳으면 곧바로 계곡으로 데려가서 목욕을 시켜. 성질은 조급해서 바삐바삐 잘 움직이고, 다른 동물들에게 해코지를 잘해. 아마 저는 장난이라고 하겠지만 말이야.

또 놀기를 좋아하고 장난기가 많아서 토끼를 만나면 즐거워하며 같이 놀기를 좋아해. 아버지 생각에도 토끼는 두려움에 떨고 원숭이만 좋아할 것 같아. 맑은 날을 좋아하고 비 오고 눈 오는 것을 싫어하는 것도 사람과 비슷해.

조삼모사

『열자』란 책에 나오는 이야기야. 송나라에 후원숭이를 사랑해서 기르는 저공狙公이라는 사람이 있었대. 원숭이들이 살기 편해서 계속 번식을 했기 때문에 갈수록 먹일 식량은 모자랐어. 그래서 매일 한 마리당 열 개씩 주던 상수리를 일곱 개로 줄이고자 한 거지.

후원숭이에게 "상수리를 아침에 세 개 저녁에 네 개를 주면 어떻겠니?" 하니, 후원숭이들이 모두 "말도 안 돼요."라며 화를 냈대. 그래서 조금 뜸을 들여서 "그럼 아침에 네 개를 주고 저녁에 세 개를 주면 어떻겠는가?" 하니, "그건 좋아요." 하며 모든 후원숭이들이 기뻐했다는 이야기야.

똑같이 하루에 일곱 개를 주는 것인데, 마치 두 번째 의견에는 후원숭이의 불만을 감안한 것처럼 "그럼, 이렇게 하면 어떨까?" 하고 묻는 말솜씨에 그냥 넘어간 것이지.

이 말은 원숭이가 아무리 잘났다 한들 사람보다는 못하다는 뜻이야. 여기서 어리석은 사람을 말장난을 하여 속인다는 뜻의 '조삼모사朝三暮四(아침에 세 개, 저녁에 네 개)'라는 성어가 생겼어.

■ 원숭이가 아침 저녁 식사로 먹었다는 상수리 열매. 이 상수리 열매로 도토리묵도 해 먹고, 유선염을 치료하는 약재로도 쓰지.

목후이관

'목욕할 목沐, 원숭이 후猴, 말이을 이而, 갓 관冠'이라고 쓰는데, 원숭이 머리에 임금관을 씌웠단 뜻이야.

초나라와 한나라가 중국에서 쟁탈을 벌이던 때의 이야기야. 초패왕(항우)이 진나라를 멸하고 패공(유방) 등 경쟁자를 물리친 뒤에 한씨 성을 가진 사람이 초패왕에게 말했어. "천하의 중심지이자 모든 물자가 모이는 관중에 도읍을 해야 천하를 다스릴 수 있습니

원숭이 머리에 임금관을 씌웠다는 목후이관이지. "내가 원숭이라고 내 말을 안 듣지는 않겠지? 겉으로만 보면 나도 훌륭한 임금이야. 에헴!"

다."

 그러자 초패왕이 곤란한 표정을 지으며 이렇게 얘기했어. "나는 부귀를 얻고 고향으로 돌아가지 않았다는 말을 듣지 못했다. 내가 천하라는 부귀를 얻고 고향에 돌아가 왕노릇을 하지 않는다면, 비단옷을 입고 밤길을 다니는 것처럼 누가 좋은 옷을 입었다는 것을 알아주겠는가? 나는 나의 부귀를 자랑하기 위해서 고향인 초땅으로 가서 도읍할 것이다."

 이 말에 묵묵히 그 자리를 물러난 한씨가 "초나라 사람은 후원숭이(沐猴)가 사람의 관을 쓴 격이라고 하더니, 과연 그렇구나." 하고 비웃었다고 해. 여기서 비단옷 입고 밤길을 간다는 '의수야행衣繡夜行'의 성어가 생겼어.

 초땅은 중국에서 볼 때 한참 변방이야. 그 구석진 곳에 도읍을 해서는 중국이라는 큰 땅을 다스릴 수가 없지. 그런데도 고향사람에게 자신이 출세한 것을 자랑하기 위해서 도읍을 한다고 하니 얼마나 한심해 보였겠어. 중국을 다스린다고 하는 큰 포부는 없고, 그저 동네사람에게 자랑하려고 중국을 통일한 셈이잖아.

 다시 말해서 초패왕이 지금 천하를 제패했다는 옷을 입고 관을 썼기 때문에 천하를 다스리는 임금처럼 보이지만, 원숭이가 사람 옷을 입었다고 해서 사람이 되지 않듯이, 임금의 자질이 아니기 때문에 임금 노릇을 못한다는 뜻이야. 결국 하늘이 준 기회를 스스로 버린 초패왕은 유방에게 밀려 죽임을 당하지.

위의 두 이야기는 후원숭이가 사람과 비슷하게 생기긴 했지만, 사람보다 지혜가 모자라고 어리석음을 비유한 것이야. 그렇다 하더라도 거의 사람에게 버금가는 상당한 수준의 지혜가 있음을 알 수 있는 말이기도 하지.

손오공도 후원숭이

『서유기』에 나오는 손오공은 스스로 '미후왕美猴王(멋진 후원숭이 임금)'이라고 했어. 원숭이들의 대장이 되어 잘 먹고 잘 놀다가, 호기심이 많아서 새로운 세상, 새로운 술법을 배우러 떠났고, 그래서 훌륭한 도인이 되어 세상을 떠들썩하게 하고 결국엔 하늘나라까지

■ 경복궁 근정전의 용마루야. 맨 앞에는 삼장법사, 그 뒤에 손오공, 저팔계, 사오정, 용마를 차례로 조각해 넣어 건강을 지키고 잡귀신을 물리치는 상징물로 썼대.

올라가서 자신의 대단함을 알리잖아! 흉내를 잘 내고 조급증도 많아 잠시도 가만히 있지를 못하고 장난기도 심했지만, 천성이 악하지 않아서 결국 삼장법사를 도와 불경을 옮긴 뒤에 그 공으로 부처가 되었어. 싸움을 잘한다고 해서 투전불이라는 이름을 얻었지. 아마 후원숭이는 가장 인간에 가깝고, 또 인간이 되기를 가장 갈구하는 동물이라고 해도 틀린 말이 아닐 거야.

미후왕의 욕심

불경에도 미후에 대한 이야기가 몇 있는데, 그 중에서 『법구비유경』에 미후왕의 욕심에 관련된 이야기가 있어.

• 법구비유경
법구라는 인도 사람이 석가의 말씀을 모아 편찬한 법구경을 비유하여 설명한 책.

 옛날에 미후왕이 둘 있었는데, 각기 미후 500마리씩을 거느리는 대단한 왕이었대. 그 중 한 왕이 다른 왕을 질투해서 그 왕을 죽이고 혼자서 모든 미후들을 다스리고자 했어. 그래서 곧바로 가서 싸움을 걸었지. 하지만 힘이 모자라 부끄럽게도 점차 쫓겨서 큰 바닷가까지 밀려났어.

 이제는 더 이상 물러날 데도 없었어. 굽이치는 바닷가 한 끝에 물이 휘돌아치는 곳까지 왔거든. 바람이 세게 불어서 파도가 20m나 높게 쳤어. 그런 막다른 순간에도 미후왕은 부하들이 자신을 어리석다고 할까봐 걱정되었어.

그래서 부하들을 모아놓고 이렇게 말했지. "이 설산雪山에 대해서 너희들에게 말해주겠다. 내가 오래전에 듣기를 바닷속 깊은 곳에 큰 설산이 있는데, 그 설산에는 입을 아주 즐겁게 해주는 맛있는 과일이 무한정 있다고 한다. 오늘에야 내가 이를 보게 되었구나! 내가 먼저 가서 살펴보고, 만약 소문대로 즐거움이 있다면 돌아오지 않을 것이고, 즐거움이 없다면 다시 돌아와서 너희들에게 이야기해주마." 그렇게 말을 마치고는 나무 위에 올라가서 온 힘을 다해 파도 속으로 뛰어들어 죽었어.

한참이 지나도 미후왕이 돌아오지 않자, "이는 필시 바닷속에 즐

자존심도 상하고, 좀 무섭기는 하지만, 죽을 때라도 멋지게 죽자! 어때 내 폼이!

거움이 있는 것이다." 하고는, 남은 부하 미후들도 하나 둘 거친 파도로 뛰어들어 모두 죽었다고 그래.

여기서 후원숭이의 면모를 잘 알 수 있어. 첫째는 자존심이 강하다는 거야. 죽는 순간에도 다른 원숭이들이 놀릴 것을 생각해서 큰 소리치고 죽잖아. 둘째는 거짓말도 잘한다는 거야. 죽으려면 혼자나 죽지, 결국은 자기 동족을 다 죽이고 말았잖아. 셋째는 후원숭이는 욕심이 많다는 거야. 왕 원숭이는 그렇다 치고, 부하 원숭이들 말이야. 엄청난 파도의 위험이 있는데도 먹을 것과 안락을 위해서 무모하게 뛰어들잖아.

이게 모두 후원숭이가 사람과 원숭이의 중간 존재라서 나타나는 성질이야. 아예 머리가 나쁘면 그런 어리석은 짓은 생각도 못하고 벌리지도 못했을 텐데. 하기는 사람도 이런 성질이 많기는 하지만 말이야.

후원숭이와 자수

후원숭이는 먹는 것을 좋아하지만 조심성이 많아서 잘 살펴보고 움직이고, 먹을 것 저장하기를 좋아하며, 깨끗한 것을 좋아해서 오랫동안 목욕을 하고, 자랑하기를 좋아하고, 자존심이 강해서 남에게 지기를 싫어하고, 호기심이 많아서 새롭고 신기한 곳을 찾아다니기를 즐겨 하지. 물론 손오공처럼 재주도 많고 호기심을 해결하기 위해서는 어떠한 고통도 감수하며, 때로는 놀라운 책임감을 보여주기도 해.

이런 것들이 바로 군대의 최전방에서 적정을 살피는 척후병이 되고, 군대의 식량을 저장하고 모으는 군량창고가 되고, 군인들이 전투할 때 먹는 맛없는 건량이나 오래 보관하고 아무 데나 자라는 식용채소가 되며, 변방의 관문이 되는 자수의 수호신장으로 선택된 이유이지.

반짝반짝 정보마당

사자성어 & 속담
- 견원지간(犬猿之間) - 개와 원숭이 사이. 둘 사이가 몹시 나쁨을 이르는 말.
- 원숭이의 고기 재판하듯 - 이솝 우화에서 원숭이가 고기를 똑같이 나눠준다더니 오히려 자기가 야금야금 다 먹었다는 이야기에서 나온 말로, 겉으로는 공정한 척하면서 뒤로는 교활하게 남을 속이고 제 잇속을 차리는 모양을 비유한 말.
- 원숭이도 나무에서 떨어진다 - 아주 익숙한 일이라도 실수할 때가 있다.
- 원숭이 흉내 내듯 - 생각 없이 남 하는 대로 덩달아 따라 함.

교과관련
- 초등학교 3학년 1학기 말하기·듣기·쓰기 〈원숭이 꽃신〉

참고도서
- **왜 원숭이가 나무에서 떨어질까** 수전 퀸란 글 | 하정임 옮김.
  원숭이를 비롯한 다양한 열대 생물들이 어떻게 서로 영향을 주며 살아가는지 세밀한 그림들을 통해 설명하고 있습니다. 밀림의 가치와 환경 보호의 필요성을 느끼게 됩니다.
- **서유기** 1,2,3 오승은 글 | 임홍빈 옮김 | 문학과지성사
  서유기를 청소년들을 위해 재미있고 감동적인 장면들을 중심으로 쉽게 풀어 쓴 책입니다.

자화후

7 參 水 猿
석삼 물수 원숭이원

상징	머리, 앞다리
크기	1m 20cm
운행방위	中 (서서남)
영토	9°
보이는 때	12/14~1/14
해당지역	경기 동부, 강원 서부
부하별수	6(18)
힘의세기	★★★★
의미	효도와 충성, 형벌, 변방의 수비. 별이 밝고 안정되면 어른께 효도하고 나라에 충성한다. 다른 별이 다가오면 폭동이 일어난다.

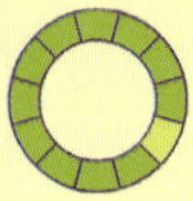

삼수원

삼수원은 28수 중에 삼수를 수호하는 신장이야. '삼'은 삼수라는 뜻이고, 서방백호칠수 중에 제일 마지막 별자리이지. 자수가 변방의 장수라면, 삼수는 중앙의 장수야. 특히 삼수 안에 삼수인 것처럼 있는 '벌'이라는 별자리는 예로부터 우리나라를 뜻했지. 중국에서는 이 별이 밝게 빛나면 조선이 중국을 수복하려고 쳐들어올지 모른다면서 경계를 했어. 삼수는 그 자체로 한 마리 범이 될 정도로 기운이 센 별자리야.

'수'는 칠정 중에 수성의 정기를 받았다는 말이고, '원'은 원숭이라는 동물로 대표된다는 뜻이지.

삼수원은 원숭이의 머리에 사람의 몸을 하였는데, 키가 1m 20cm이고, 얼굴은 푸른 창색이야. 알록달록한 붉은색 베로 된 전포를 입었고, 누런색 상감처리를 한 황금띠를 두텁게 둘렀으며, 윤이 나는 검은색 신을 신었으며, 손에는 긴 창을 잡고 있는 멋쟁이야.

삼수

삼수의 생김새가 독특하지? 곧 움직일 것 같잖아. 이 별은 효도와 충성을 주관해. 부모나 윗사람의 마음을 움직이게 하는 일을 하지. 이 별이 밝고 크면 실제로 국민이 나라에 충성하고 자식이 부모에게 효도하여 안정되고 길하다고 해.

삼수는 일곱 개의 별로 백호의 앞발에 해당해. 백호가 힘차게 발을 떼놓은 상인데 서양에서는 오리온자리라고 하는 별이야.

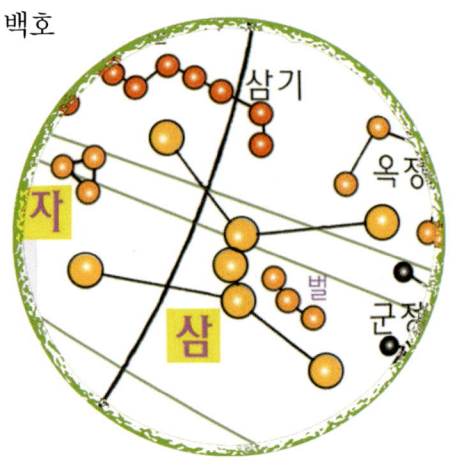

■ 삼수와 주변별들

삼수의 부하별자리와 다스리는 영토

28수 중에서 삼수는 평균영역보다 작은 9°를 맡아 다스리는 별자리야. 삼수의 위는 부하별자리가 없어. 자수가 그 위에 있으면서, 자수 위에 있는 별자리는 자수가 다스리고, 삼수 밑에 있는 별자리는 삼수가 맡기로 약속을 했기 때문이지.

정벌(**벌**伐)이라고 하는 세 별은 삼수의 가운데 붙어있어서 마치 삼수처럼 보이는 별자리야. 중국에서는 우리나라에 해당한다고 해서 **정벌**이 밝아지면 조선이 쳐들어올지 모른다고 걱정을 했어.

부엌에 물을 공급하는 **우물**(**옥정**玉井)은 삼수의 바로 옆에서 삼수를 감싸듯이 있고, 공간과 공간을 막아주고 가려주는 **병풍**(**병**屛)은 사람이 대소변을 보는 **화장실**(**천측**天厠)과 **우물**을 서로 직접 못

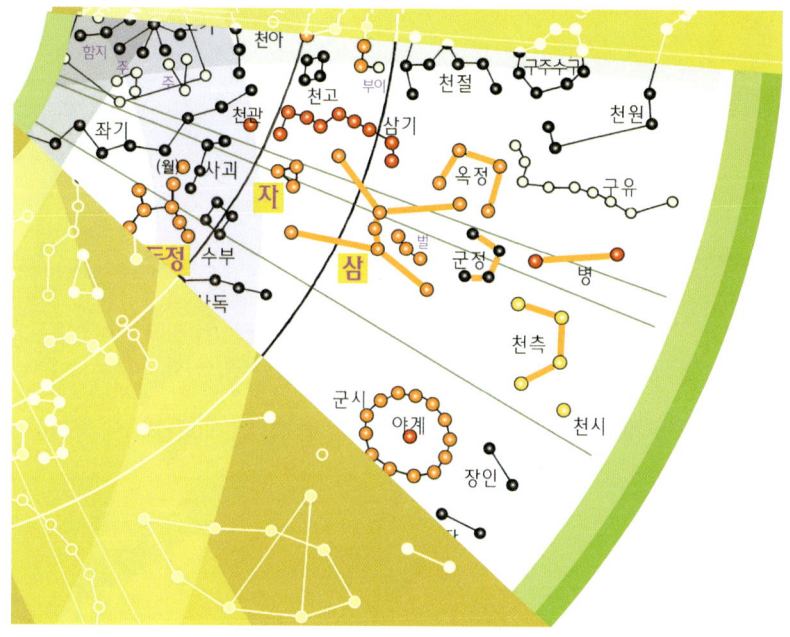

보게 가려주고 있어. **우물**은 깨끗한 곳인데 **화장실**하고 서로 가까이 있으면 왠지 더러워 보이잖아! 물론 군대가 행군할 때 물을 대주는 **군인용 우물**(**군정**軍井)도 가려주고 있지. **화장실** 밑에는 사람의 대변을 관리하는 **똥**(**천시**天屎)이 조금 멀리 떨어져 있어. 별들도 냄새나는 똥은 싫어하나봐. 너희들 **똥**이 무슨 색깔인 줄 알아? 그래 누런색이 도는 갈색! 그래서 **화장실**과 **똥**은 누런색 별이야. 자수의 부하별자리는 모두 검은색이라서 잘 안 보이는데, 삼수의 부하별자리는 **군인용 우물**만 검은색이고 나머지는 붉은색이거나 누런색이야. 삼수가 호랑이 앞발에 해당하니까, 보호색이 아닌 경고색을 썼

나봐!

　황도궁으로는 음양궁에 속하고, 경기도 동부와 강원도 서부 지역에 해당해. 그러니까 삼수가 또렷하거나 빛이 잘 나면 그 지방이 그만큼 잘살게 되는 것이고, 빛이 흐려지거나 제대로 모습을 안 갖추고 있으면 해당지역이 좋지 않게 된다고 하지.

■ 삼수에 해당하는 지역 : 연천, 동두천, 포천, 가평, 양평, 이천.

원猿원숭이

　원원숭이는 후원숭이보다 덩치가 크면서 조금 검고 팔이 긴 특징이 있어. 후원숭이와는 달리 평소에는 고요히 있기를 좋아하고 인자하기까지 해. 또 과일먹기를 좋아하고 나무에 거처하며 놀기를 즐기지. 바람 불고 달 뜨는 밤이면 휘파람을 불면서 숙연해하는 정서도 있어. 그렇지만 이런 경우는 잠시야. 숲속에만 오면 요란을 떨어. 괴성을 지르며 과일을 먹고, 이 나무에서 저 나무로 마구 뛰어다니지.

　원원숭이는 팔(앞다리)이 다리보다 길어서 물건을 잡아당기기를 좋아하기 때문에 원숭이라고 하는 거야. '원숭이 원猿' 자는 '잡아당길 원援' 자와 서로 통하는 글자거든. 이렇게 옛 사람들은 발음이 같으면 같은 뜻으로 원용해서 많이 써. 그러니까 후원숭이는 관찰하고 살피기를 좋아해서 후원숭이라 하고, 원원숭이는 잡아당기고 이끌기를 좋아해서 원원숭이라고 한 거지.

■ 장승업이란 화가가 그린 원숭이야. 손오공이 옥황상제 몰래 천도복숭아를 따는 장면인데, 뒤에 그려진 꼬마 원숭이로 자손이 이어진다는 뜻과 천도복숭아를 먹고 불로장생한다는 뜻이 담겨있어.

단장의 슬픔

너희들 창자가 찢어지는 아픔이 어떤 건지 알아? 사람들은 흔히 창자가 끊어질듯이 슬프다고 하는데, 실제로 창자가 끊어지지는 않지만 아주 슬픈 경우를 표현하는 말이야. 그렇지만 원원숭이는 정말로 창자가 끊어진다고 해. 한자로는 '끊을 단, 창자 장'을 써서 '단장斷腸의 슬픔'이라고 쓰지. 어떨 때 창자가 끊어지는 슬픔이 있을까?

중국에서 있었던 일이야. 임천군 동흥마을의 어떤 사람이 산에 들어갔다가 원원숭이 새끼를 잡았는데, 그 어미가 자식을 놓아달라면서 그 사람 뒤를 따라 집까지 왔대.

그런데 이 사람이 풀어줄 생각은 안 하고, 원숭이 어미가 어쩌나 보자면서 원숭이 새끼를 뜰 안의 나무 위에 묶어놓고 그 어미를 약올렸다는 거야. 그랬더니 그 어미가 두 손을 모으고 볼을 동그랗게 하며 그 사람을 향해 자식을 살려달라고 애걸하는 모습으로 울고만 있더래. 그런데도 그 사람이 원숭이를 놓아주지를 않고 어미가 보는 앞에서 새끼를 때려서 죽인 거야.

하염없이 눈물만 흘리며 자식을 살려달라고 애원하던 원숭이 어미가 그 광경을 보고 한참을 슬피 울더니, 나무에서 갑자기 떨어져 죽었대. 그 사람이 원숭이의 찢어진 배를 살펴보니, 창자가 마디마디 끊어지고 파열되어 있었어. 자식이 맞을 때마다 창자가 하나하나 끊어졌던 거지.

그 사람도 마음이 좋지 않아서 원숭이 모자를 갖다 버렸는데, 몇 해가 못 되어서 그 집에 질병이 돌아 식구들이 모두 죽었다는 이야기야.

또 진晉나라의 환온이라는 장군이 촉을 정벌하러 갔다가, 삼협의 계곡에서 원숭이 새끼를 잡아서는 배에 실었대. 원숭이 어미가

▎"내 새끼가 제일 소중해! 제발 내 새끼를 건드리지 말아줘."

연안선을 따라 애절하게 울면서 백여 리를 따라왔는데, 배가 원숭이 새끼를 실은 채 연안을 떠나자 힘껏 뛰어올라 배에 타다가 부딪혀 죽었어. 그런데 그 터진 배 사이로 창자가 마디마디 끊어져 있었다는 거야.

●●●●● 기이한 이야기

『포박자』라는 책에는 "원원숭이가 500살이 되면 큰 원숭이(獿)가 되고, 다시 500살을 더 살면서 수련하면 늙은 사람으로 변신할 수 있다."고 하였어.

오색선주군이라는 도인이 산속에서 공부를 할 때, 흰 원숭이가 노인으로 변신해 오색선주군에게 책 한 권을 주면서, 황제씨가 책력을 하사한 것이라고 하였어. 오색선주군이 그 책을 보고 음양의 이론에 밝아졌다고 해.

어떤 기록에는 원숭이가 나무를 타다가 땅에 떨어지면 곧바로 설사를 하다가 죽는데, 오직 부자附子(바꽃의 알뿌리)의 즙만이 살릴 수 있다는 말도 있어. 그래, 잘 믿겨지지는 않는 말들이야.

●●●●● 기원숭이도 수련을 한다

왕적이라는 사람이 숭산嵩山에 놀러갔다가, 자신을 산공山公이라고 소개하는 어떤 사람을 만났대. 그런데 그 사람은 유난히 턱밑에 털이 많이 났고 얼굴은 흰색인데 좀 파리해 보였다는구나. 그 사람과 같이 글에 대해서 이야기를 하는데, 그 사람이 희한한 말을 하는 거야. 그래서 괴이하게 생각한 왕적이 거울을 꺼내서 그 사람을 비추어 보았더니, 그 사람이 소리를 지르며 괴로워하다가 원이가 되었고 잠시 후에 죽었다고 해. 왜, 여우가 사람 모습으로 둔갑을 했을 때 거울을 비추면 본모습이 보인다고 하잖아? 그 원숭이도 아마 거울에 비친 자신의 참모습을 보고, '여태 공들여 사람이 되고자 수련을 했는데, 결국 원숭이에서 벗어나지 못했잖아?' 하는 마음이 들고, 급한 성격을 못 이겨 창자가 끊어졌는지도 모르지.

그래서인지 환온이 황제가 되려고 별짓을 다했지만 끝내 황제가 되지 못했고, 그 아들 환현이 황제를 몰아내고 억지로 황제가 되었으나, 결국 송나라를 일으킨 유유에게 자신을 비롯한 온 집안이 멸문을 당하고 말았어.

이 두 이야기는 『수신기』라는 책에서 본 것인데, 원원숭이가 자식을 지극히 사랑하는 마음이 있고 또 성질이 급해서, 슬픔이 심해지면 창자가 끊어지기까지 한다는 사실과, 남에게 못되게 하면 벌을 받는다는 교훈도 있어.

효도하는 원숭이

등지라는 사람이 사냥하러 갔다가 나무 위에서 새끼를 끌어안고 있는 원숭이를 보았대. 곧 활을 재서 원숭이를 쏘아서 떨어뜨렸는데, 어미 원숭이가 화살을 맞았는데도 자식이 다칠까봐 꼭 끌어안고 떨어졌다가 그 뒤에 새끼보고 도망가라고 놓아주었어. 그런데 새끼 원숭이가 일어나서 도망갈 생각은 안 하고 어미에게 박힌 화살을 뽑고, 약초를 발라주며 간호를 하는 거야. 이에 감동을 받은 등지는 냇물에 활을 버리고, 다시는 사냥을 하지 않았대.

원숭이는 훌륭한 사람을 좋아한다

당나라 현종 때의 명재상 위원충魏元忠이 아직 벼슬하기 전에 집안이 가난해서 계집종과 둘이만 살 때의 일이야. 계집종이 부엌에 불을 때다가 밖에서 물을 길어 다시 부엌으로 들어왔는데, 늙은 원숭이가 불을 때며 아궁이 앞에 앉아있는 거야. 깜짝 놀라 위원충에게 달려가 알리니, 위원충이 말하기를 "내가 추울까봐 원숭이가 불을 때주니 좋은 일이 아닌가? 무엇이 무섭다고 호들갑을 떠는가?" 하고 태연해 했어.

위원충의 말이 맞는지라, 계집종이 살며시 부엌으로 들어가니, 원숭이는 이미 사라지고 없었어. 그런데 그 뒤로도 계집종이 부엌을 비우면 원숭이가 와서 불을 때곤 하였대. 원숭이 마음에도 위원충이 훌륭한 사람이라는 생각에 무언가 돕고 싶었나봐.

잔나비띠?

너희들 잔나비띠라는 말을 들어본 적 있니? 예전에 할머니께서 '잔나비띠구나' 하신 적이 있어. 잔나비? 그럼 나방인가? 나방도 띠에 들어가나? 그런데 왜 고양이를 나비라고 부르는 거지?
옛날(17세기까지도) 우리말에 '원숭이'라는 단어가 없었대. 18세기에 와서 한자어인 '원성이(원숭이 猿, 원숭이 猩)'가 생겨났고 '성'의 음이 '승'으로 변하여 '원승이'가 되고 이것이 또 변하여서 오늘날 '원숭이'가 된 거지. 원숭이의 고유어는 '납'이야. 그래서 원숭이를 뜻하는 한자 '원'의 새김도 '납 원'이었지. 여기에 '재다(동작이 날쌔고 재빠르다)'의 형용사형 '잰'이 붙어서 '잰나비'가 되고 이것이 음운변화를 겪어서 '잔나비'가 된 거래.

원숭이와 삼수

이상의 이야기를 종합해보면, 원숭이는 자식 사랑이 대단하고 자식은 부모에게 효도를 다하는 동물이야. 또 호기심도 많고 사람 흉내 내기를 좋아하고, 장난기도 많아. 사람 흉내를 내다가 그 사람이 훌륭하면 온몸을 바쳐서 도와주는 동물이지.

이런 면이 바로 충성스럽고 효도를 다하는 별이고, 잘잘못을 따져 상 주고 벌 주는 역할을 하고, 또 먼 변방의 이민족을 감시하고 지키는 역할을 하는 삼수의 수호신장으로 발탁된 이유가 되는 거야.

반짝반짝 정보마당

사자성어 & 속담

▎삼상지탄(參商之歎) - 삼수는 서방백호칠수에 소속되었고 심수(상성)는 동방청룡칠수에 해당해서 동시에 뜰 수 없듯이, 형제가 서로 멀리 떨어져서 서로 만날 수 없는 슬픔을 말함. 요임금이 고신씨의 아들인 알백과 실침이 사이가 좋지 않으니 떨어져 있어야 한다고 하면서, 알백은 동쪽으로 옮겨서 심수를 제사 지내게 하고, 실침은 서쪽으로 옮겨서 삼수를 제사 지내게 했기 때문에 벌어진 비극.

西方七宿

되짚어보기

이상의 일곱 동물 신장이 수호하는 서방백호칠수를 합해서 한 마리의 호랑이로 보면, 규수는 흰 호랑이의 꼬리이고, 루수, 위수, 묘수는 흰 호랑이의 세 자식이 어미 몸에 붙어 있는 형상이고, 필수는 흰 호랑이의 가슴에 해당하고, 자수와 삼수는 머리나 앞발에 해당하지. 물론 루수, 위수, 묘수는 흰 호랑이의 몸통이라고 봐도 돼. 그 몸통에 새끼 호랑이 세 마리가 붙어있는 것이니까.

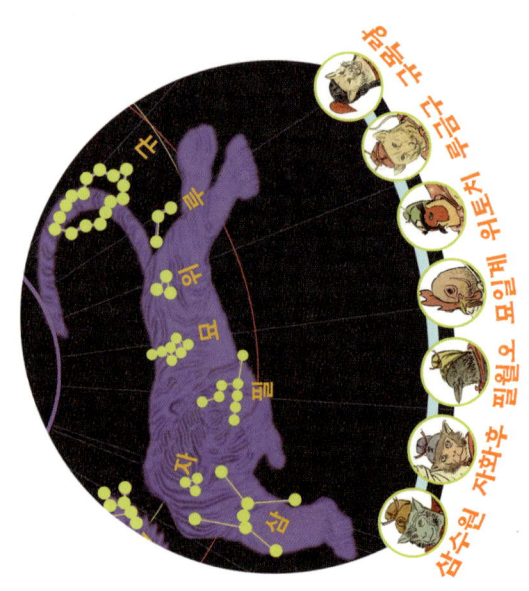

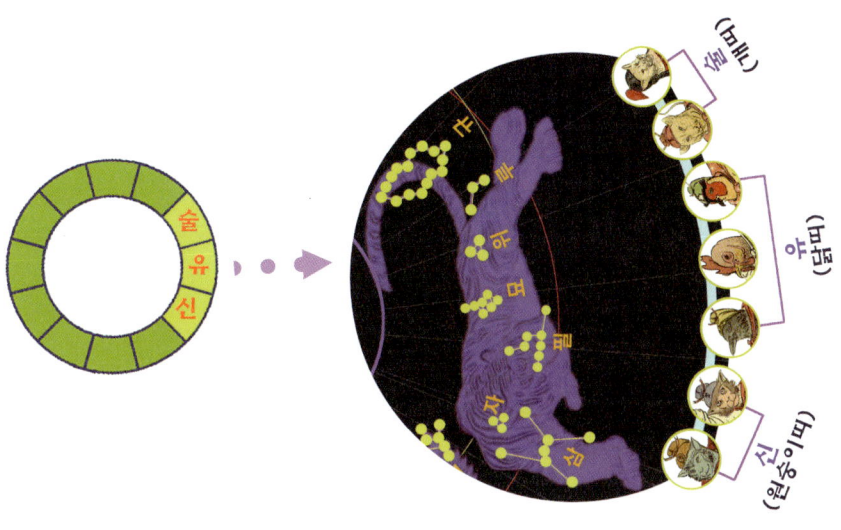

서방칠수		목요성	금요성	토요성	일요성	월요성	화요성	수요성
	이름	규목랑	루금구	위토치	묘일계	필월오	자화후	삼수원
	동물	이리	개	꿩	닭	까마귀	원숭이	원숭이
	방위	술방		유방			신방	
	백호	꼬리	몸				머리	앞발

서방칠수는 남방칠수인 주작과 서로
마주 보고 있는 상이 되지.

나의 별자리 찾기 응용

1권에서는 음력생월에 따라 자신의 28수를 찾아보았어. 이젠 아주 익숙해졌을 거야. 28수를 찾는 한 가지 방법이 더 있는데, 주관하는 해당날짜를 보는 거지. 「28수나경」을 보면 가장 바깥쪽에 날짜가 쓰여 있어. 이 날짜에 해당되는 별자리가 자신의 별자리가 되는 거야.

아버지는 생년으로 보면 여수에 해당하고, 2월 28일 생이니까 위수에 해당하지. 우선 여수와 위수의 성격을 닮았다고 보고, 1권에서 배운 친한 별과 이기는 별, 지는 별, 어느 때에 좋은지를 참고해서 보는 거야.

	방위	12띠	태어난 해	음력생월	28수	해당날짜 (양력)
동방칠수	진	용띠	1976 1988 2000 2012	1~6월	각(교룡)	10/6~10/17
				7~12월	항(용)	10/18~10/25
	묘	토끼띠	1975 1987 1999 2011	1~4월	저(너구리)	10/26~11/10
				5~8월	방(토끼)	11/11~11/15
				9~12월	심(여우)	11/16~11/20
	인	호랑이띠	1974 1986 1998 2010	1~6월	미(호랑이)	11/21~12/9
				7~12월	기(표범)	12/10~12/20

북방칠수	축	소띠	1973 1985 1997 2009	1~6월	두(해치)	12/21~1/15
				7~12월	우(소)	1/16~1/23
	자	쥐띠	1972 1984 1996 2008	1~4월	여(박쥐)	1/24~2/4
				5~8월	허(쥐)	2/5~2/14
				9~12월	위(제비)	2/15~3/3
	해	돼지띠	1971 1983 1995 2007	1~6월	실(돼지)	3/4~3/19
				7~12월	벽(수달)	3/20~3/29
서방칠수	술	개띠	1970 1982 1994 2006	1~6월	규(이리)	3/30~4/13
				7~12월	루(개)	4/14~4/25
	유	닭띠	1981 1993 2005 2017	1~4월	위(꿩)	4/26~5/9
				5~8월	묘(닭)	5/10~5/20
				9~12월	필(까마귀)	5/21~6/5
	신	원숭이띠	1980 1992 2004 2016	1~6월	자(후원숭이)	6/6~6/7
				7~12월	삼(원원숭이)	6/8~6/16
남방칠수	미	양띠	1979 1991 2003 2015	1~6월	정(들개)	6/17~7/18
				7~12월	귀(양)	7/19~7/22
	오	말띠	1978 1990 2002 2014	1~4월	류(노루)	7/23~8/7
				5~8월	성(말)	8/8~8/14
				9~12월	장(사슴)	8/15~8/31
	사	뱀띠	1977 1989 2001 2013	1~6월	익(구렁이)	9/1~9/18
				7~12월	진(지렁이)	9/19~10/5

예를 들어 양력 2002년 2월 2일생을 한번 해볼까? 음력으로 보면 2001년 12월 21일에 해당되지. 지금은 모두 양력을 쓰기 때문에 음력날짜는 자기 생일도 알기가 어렵지. 인터넷에 양력음력변

환하는 기능이 있으니, 변환해서 보면 알 수 있어.

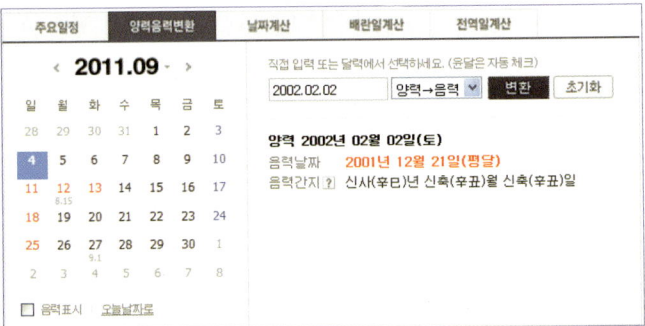

　2002년에 태어나서 말띠 같지만 입춘을 넘지 않았기 때문에 뱀띠야. 입춘을 지나야 새해의 띠를 쓰기 때문이지. 음력으로는 7~12월에 태어났으니 진수에 해당하는 거야. 양력 2월 2일은 여수(박쥐)에 해당해. 평소에는 진수의 성격이 많은데 가끔 여수의 성격으로 행동한다고 보는 거야. 어렵지 않지?